algar

Consejo asesor de la colección

Ignacio Aranguren, Salvador Bataller y José Antonio Martínez

Títulos publicados

Existen unas propuestas didácticas referidas a este libro que se pueden descargar de forma gratuita desde la página web www.algareditorial.com.

PAPEL ECOLÓGICO
TCF LIBRE DE CLORO

FOTOCOPIAR LIBROS
NO ES LEGAL

LIBRO AMIGO DE LOS BOSQUES
PAPEL PROCEDENTE DE FUENTES RESPONSABLES

© Juan Pablo Heras González, 2024

© Algar Editorial

Apartado de correos 225 - 46600 Alzira
www.algareditorial.com

Diseño de la colección: Carles Barrios
Cubierta: Jorge Collado Perea
Impresión: Romanyà-Valls

1.ª edición: enero, 2024
ISBN: 978-84-9142-692-9
DL: V-15-2024

Juan Pablo Heras

Quijote/Play

ÍNDICE

INTRODUCCIÓN

'PLAY'

Tras estas páginas de introducción, empieza una obra de teatro.

Tras estas páginas de introducción, empieza un juego.

La jugosa polisemia del sustantivo *play* en inglés nos ha servido para apellidar esta versión teatral para jóvenes de las dos partes de *Don Quijote de la Mancha*, de Miguel de Cervantes, celebérrimas novelas publicadas en 1605 y 1615, respectivamente. ¿A qué se debe esta elección? Hay tres motivos.

El primer motivo es obvio: queremos convertir en una obra de teatro (*a play*) al menos una parte de las andanzas de don Quijote y Sancho Panza, que en el original se dilatan durante cientos de páginas. Aunque un texto teatral se pueda disfrutar desde la lectura, la naturaleza de su género exige que pueda representarse en no más de tres horas (aunque no faltan excepciones de renombre, como la *Celestina*). Esto supone una dolorosa pero imprescindible selección de fragmentos, cuyo detalle y criterio comentaremos más adelante. También hay un cambio de códigos: aunque en esta versión exista un narrador, su función no es la misma que en la novela. En la narración, su voz son nuestros ojos y nuestros oídos; en el teatro, la acción la encarnan los actores y, por lo tanto, es visible y audible por el público sin más mediación. El narrador en el teatro no es imprescindible, pero en este caso sirve para completar algunas elipsis, ampliar el espacio y el tiempo a donde no llega la escenografía y evocar los aromas de la narración oral, sobre todo cuando nos interesa aportar ciertos contrapuntos, a menudo irónicos.

El segundo motivo se debe al planteamiento metateatral de esta versión. Vemos al principio a diez jóvenes en escena. Están designados con números, pero bien podrían asumir los nombres de aquellos actores reales que los interpreten en un escenario o en una lectura en voz alta en clase. Estos diez actores de ficción, en paralelo a los del mundo real, juegan (*they play*) a encarnar a los personajes de *Don Quijote de la Mancha*, saliendo y entrando de ellos delante del público, interponiendo así una distancia que hace visible nuestra visión del mundo, a veces tan distinta y a veces tan semejante a la que nos transmitió Cervantes hace más de cuatrocientos años. Estos personajes representan a los jóvenes de nuestro tiempo y sus inquietudes. Sin embargo, cuando interpretan a los personajes de la novela cervantina, reproducen, con leves adaptaciones y numerosos cortes, textos exactos de la pluma de Cervantes. La ambientación detallada en las acotaciones, en cambio, diverge del original, ya que se sitúa en algo parecido a la Mancha del siglo XXI, sobre todo en las primeras escenas. Hemos querido obrar del modo en el que hoy en día (y desde hace mucho tiempo) suele representarse a los clásicos en el teatro: por un lado, salvamos la riqueza literaria del texto original, cuyo valor imperecedero justifica que lo sigamos leyendo y representando sin alterarlo más que lo imprescindible; por otro, aproximamos la imagen (escenografía, atrezo, vestuario, gestos…) a los referentes del público actual. ¿Por qué? Pues porque hemos olvidado que una bacía era un objeto vulgar y que una

10

rústica venta de la Mancha no era un lugar pintoresco estupendo para instalar un parador de lujo, sino un espacio sórdido donde muchas mujeres sufrían explotación sexual.

Tercer motivo: dentro de las muchas lecturas que a lo largo de estos cuatro siglos se han hecho de *Don Quijote de la Mancha*, hemos optado por la más juguetona: aquella que sugiere que Alonso Quijano no estaba loco, sino que jugaba (*he used to play*) a ser un caballero andante, sin olvidar nunca cuál era su verdadera identidad. ¿Por qué? ¿Por aburrimiento, por afán de notoriedad, por escapismo? No hay una única respuesta, pero el duro contraste entre la realidad y el deseo que dibuja una decisión así, consciente y no fruto de la demencia, dota al protagonista de esta obra de un valor dramático diferente y nos acerca además al doloroso choque de todo joven con las obligaciones y contradicciones propias de la edad adulta. Esta propuesta no es novedosa. Cualquier lector de la novela puede plantearse por sí mismo esta hipótesis de un Alonso Quijano jugando a ser loco, aunque no sean pocas las afirmaciones del narrador que la contradicen. Sin embargo, quien mejor y más ha detallado esta perspectiva es el escritor Gonzalo Torrente Ballester en su ensayo *El Quijote como juego*, de 1975. Algunos de los comentarios que los personajes de esta versión hacen acerca del comportamiento de los personajes de la novela se inspiran en su análisis.

LAS ESCENAS

Las diez escenas que conforman esta versión teatral se sostienen sobre algunos de los episodios más conocidos de las dos partes de *Don Quijote de la Mancha*. En la tabla que

11

aparece a continuación se puede ver la procedencia exacta de los fragmentos de la novela que los personajes enuncian, casi siempre con los cortes exigidos por la inmediatez y brevedad del género teatral, y a veces con algunas adaptaciones a la ortografía y la gramática del castellano de nuestro tiempo. En general, se mantiene el orden del original, aunque se introducen algunas interpolaciones y concentraciones de fragmentos que explican la abundancia y dispersión de los números de capítulo referidos en la tabla, sobre todo en la escena dedicada a Dulcinea. Las tres salidas originales (dos en la primera parte, una en la segunda) se reducen aquí a dos, anudando la segunda con la tercera. Se entienden así las dos partes de la novela como un relato continuo, aunque no se oculta el juego metaliterario que llevó a Cervantes a hacer a los duques lectores de la primera parte del *Quijote*.

Escenas	Capítulos
1. Yo soy don Quijote	I; 1
2. Espejismos de la primera salida	I; 2, 3, 4
3. El olor de Dulcinea	I; 1, 4, 7, 10, 25, 31
4. Treinta molinos, dos vizcaínos y ningún bálsamo de Fierabrás	I; 8, 9, 10
5. El honor de Marcela	I; 10, 11, 12, 13, 14, 15
6. El dolor de Maritornes	I; 5, 16, 17
7. El indescriptible yelmo de Mambrino	I; 19, 21, 25, 44, 45

8. Clavileño y las dudosas barbas de Candaya	II; 30, 31, 32
9. Cómo gobernar una ínsula sin probar bocado	II; 42, 44, 45, 47, 51, 53, 54
10. La lanza del Caballero de la Blanca Luna	II; 3, 4, 58, 61, 64, 65, 66, 71, 72, 74

Además del juego metateatral con los personajes-intérpretes, la principal intervención dramatúrgica de esta versión consiste en la selección y ordenación de las escenas, por motivos obvios de reducción temporal y concentración de la acción. Pero también se ha buscado realzar a algunos personajes que han ganado interés en las lecturas más recientes y cercanas a la sensibilidad de nuestro tiempo. Es el caso de los personajes femeninos, como Dulcinea, Marcela y Maritornes. Las referencias a Dulcinea diseminadas en la novela se reúnen en las escenas tercera y cuarta. Maritornes no solo aparece en la escena sexta, la correspondiente al original, sino también en la segunda en el lugar de las mozas anónimas que atienden a don Quijote en la novela cuando es armado caballero. Como consecuencia, el mismo ventero y la misma venta aparecen tanto en la escena segunda como en la sexta, a diferencia del original, que presenta lugares y personajes diferentes.

DEL HOY Y DEL AYER

Si queremos hablar de la actualidad en el teatro o en los libros, es mejor escribir obras nuevas que violentar las he-

13

churas de los clásicos para hacerles decir lo que nunca quisieron decir. Sin embargo, recurrimos a ellos con frecuencia porque iluminan aquello que no es coyuntural y perecedero, sino que representa a la condición humana, idéntica en todos los tiempos y lugares. Lo que sucede es que en estos clásicos estos trazos universales van siempre entreverados con los rasgos de estilo y valores morales propios de otras épocas, de tal modo que no podemos eludirlos, ya sea porque también nos gusta viajar en el tiempo, ya sea porque no es posible separar forma de contenido. Lo que sí podemos hacer es dialogar con el pasado y aportar así un punto de vista que nos haga conscientes de lo que cambia y de lo que permanece. Y esa es la propuesta de esta versión.

Hay algo genial en la mirada de Cervantes que sobresale en sus mejores obras: la combinación entre la ideología dominante de su tiempo con una mirada profunda y sensible que era capaz de elevar a humanos a personajes que en otro no hubieran pasado de fantoches. Esto resulta extraordinario en una novela con fines humorísticos, como es *Don Quijote de la Mancha*. Sin olvidar a los protagonistas, don Quijote y Sancho, es el caso de Maritornes y Ricote. La escena sexta, como el capítulo 16 de la primera parte de la novela, se recrea en la extrema fealdad de Maritornes y el consiguiente contraste cómico con la loca idealización a la que la somete don Quijote, lo que provoca un divertidísimo enredo en el que todos acaban magullados. Sin embargo, y aunque sea en pocas palabras, el narrador de la novela recuerda que su condición de prostituta no es natural, sino fruto de «desgracias y malos sucesos». Esas pocas palabras bastan para sugerir una profundidad pocas veces vista en un personaje secundario, así como una insólita sensibilidad

14

hacia la dura realidad de las prostitutas, a menudo caracterizadas con trazos gruesos en la literatura (no faltan ejemplos). En cuanto a Ricote, uno de los miles de moriscos expulsados por Felipe III, Cervantes pudo inspirarse en aquellos que vivían en el valle de Ricote (Murcia) y que tuvieron que salir de España en 1614, mientras redactaba la segunda parte. Dicha expulsión fue el último acto de un proceso iniciado en 1609 y también el más discutido, porque en su inmensa mayoría aquellos moriscos eran ya cristianos bien arraigados (y necesarios como mano de obra). El monólogo de Ricote, con el que se reencuentra Sancho durante el gobierno de la ínsula Barataria, justifica e incluso aplaude la decisión real. Hoy esto nos resulta chocante, pero no podía ser de otra manera, ya que Cervantes necesitaba licencia del rey para que se pudieran imprimir sus libros. Sin embargo, en el mismo monólogo se despliegan ante nosotros las tristes emociones propias del desterrado de cualquier tiempo y cualquier lugar, lo que sí aporta una vigencia inmarcesible a un texto con el que cualquier lector podría identificarse. Hemos apostado por mantener esta ambivalencia en la versión teatral, para mayor riqueza de matices y para no esconder tras ideas nuestras las ideas que circulaban en tiempos de Cervantes.

DON QUIJOTE TIENE 18 AÑOS

La imagen que hoy tenemos de don Quijote de la Mancha no es exactamente la que manifestaban los primeros lectores de la novela. Como en tantos otros aspectos, hemos heredado la lectura que se hizo desde el Romanticismo. Se sugiere desde entonces que no estamos (o no solamente) ante los tropiezos y trompazos de un mentecato chiflado que se lía a lanzazos contra la realidad, sino ante un idealista dotado de principios propios de una época remota de mayor nobleza, altruismo y altura espiritual. Tales valores chocan con la bajeza del mundo real de su tiempo, regido por el egoísmo y la mentira. Parte de ese contraste se explicita en el famoso discurso de la edad de oro (en la novela, capítulo 11 de la primera parte; en esta versión, escena quinta). Pues bien, en este choque entre los principios adquiridos y la realidad hemos querido arraigar el vínculo entre don Quijote y los jóvenes. La influencia que en la novela procede de los libros de caballería puede venir ahora tanto del sistema educativo mejor intencionado como de los mensajes motivadores que reciben diariamente de sus familias y medios de comunicación. Heredan así una visión del mundo más o menos justa, equilibrada, con sentido. Pero luego, en cuanto cumplen los 16, los 18 o los 22, toca enfrentarse al mundo real y comprobar con dolor que las cosas no eran exactamente como se las habían contado.

Si lo dicho arriba puede más o menos aplicarse a los jóvenes de todo tiempo y lugar, hay otros detalles de esta versión que se hacen eco de las peculiaridades de nuestro tiempo, quizá en otro uso de la palabra *play*, esta vez como interruptor, físico o digital, de cualquier reproductor de audio o vídeo. Se trata de la identidad virtual que nos proporcionan las redes sociales u otros medios de comunicación digitales y que nos permiten crear una imagen ideal de nosotros mismos ajena a las servidumbres del mundo real. Muchos jóvenes prefieren comunicarse con el mundo por medio de estos avatares de sí mismos. Como don Quijote.

16

Conscientemente o no, pretenden controlar sus relaciones con los demás protegiéndose con el escudo de las pantallas interpuestas. Sin embargo, todos sabemos que la extrema dispersión de las imágenes y las palabras publicadas por las redes deriva en que al final son los otros los que se apropian de la identidad que el joven quería crear de sí mismo. Todos los días, masas protegidas por su propio anonimato presionan para que las imágenes que los jóvenes publican de sí mismos se acerquen más y más a determinados prototipos de belleza; o bien exigen con el martillo del odio que las ideas transmitidas se ajusten de inmediato a la ideología dominante en cada ámbito, cercenando la posibilidad de aportar matices o discrepar sin pelear. En nuestra versión, hemos querido ver en Dulcinea una forma anticipada de identidad virtual. No pocas chicas de nuestro tiempo se ven atrapadas en una turbia red de elogios al físico que se percibe en sus fotos, lo que muchas veces las obliga a cumplir obsesivamente con lo que se espera de ellas en cuanto se empieza a cuestionar su imagen o a reducir el número de *likes*, en una carrera imposible hacia una perfección inexistente. Es cierto que Aldonza Lorenzo nunca llega a conocer a don Quijote, pero lo que sabemos de ella por los diálogos que este mantiene con Sancho nos invita a pensar qué habría sido de su bienestar emocional si la discusión que ambos mantienen sobre su apariencia se divulgara públicamente, ante todo el mundo, como ocurre tan a menudo en las redes sociales.

Por otro lado, en la escena séptima, dedicada a la bacía o yelmo de Mambrino (o *baciyelmo*, como llega a llamarlo Sancho en el capítulo 44 de la primera parte) hemos querido aproximarnos a la presión irracional que las modas ejercen sobre toda la población, pero en especial sobre los jóvenes, y que suelen obedecer tan solo a los intereses económicos de los fabricantes y comerciantes de ropa. Son de nuevo las redes sociales las que centrifugan este cambio continuo e insensato de valores estéticos que fomenta la compra impulsiva para beneficio de unos cuantos. En este sentido, tanto el «otro barbero» de esta versión como el de la novela (es decir, el barbero del lugar de la Mancha en el que vivía Alonso Quijano) mienten a sabiendas con el fin de reírse tanto de la ingenuidad del barbero dueño de la bacía como de la locura de don Quijote, lo que nos ilumina sobre ciertas técnicas de mercadotecnia del presente, que se aprovechan de la inmadurez o de la poca formación de aquellos jóvenes que se inician como consumidores.

SUGERENCIAS DE REPRESENTACIÓN

Vaya por delante que el autor de esta versión, que lo es también de estas líneas, no tiene inconveniente alguno en que los profesores o directores que acometan la representación de esta obra la utilicen a discreción como material de trabajo para crear algo muy diferente. Lo único esencial es que tanto el público como los intérpretes se diviertan sumergiéndose en el mundo de don Quijote y Sancho Panza, y que de paso reflexionen un poquito sobre el mundo en el que vivimos.

En las acotaciones se sugiere una determinada puesta en escena, a veces anticipando alternativas. Tal propuesta se sustenta sobre un código de austeridad escenográfica que no solo conviene a los presupuestos ralos de los centros educativos y las compañías independientes, sino que es el propio

18

de una dramaturgia que propone que los actores sean también personajes y que entren y salgan de su personaje con facilidad. Es por eso que la caracterización (indumentaria, peluquería y maquillaje) debe ser sencilla y basada solo en indicios o atributos que permitan la identificación rápida de los personajes, para mayor claridad. Sería buena idea que cuando los actores interpreten a los personajes nombrados con números lleven ropa muy neutra y más o menos homogénea, para distinguir netamente la ficción quijotesca de la metaficción de los personajes-actores. Esto no significa que se deba caer en el tópico de la camiseta y el pantalón negro, ya muy repetido (mejor dejar esta indumentaria para los regidores), pero sí una clave estética que los unifique sin necesidad de uniformarlos. La finalidad es armonizar una imagen que de otro modo podría resultar confusa, dada la rapidez que se exige a la acción.

En cuanto a la actualización propuesta de las cabalgaduras y los espacios, queda a la elección de quien dirija cómo precisarla: en un escenario pequeño resulta difícil mover una bicicleta; y a la vez unas bicicletas estáticas pueden ser demasiado caras. Anclar bicicletas móviles, por otro lado, puede ser técnicamente complicado. Es decir, que todo son problemas, y resolverlos es justamente lo más divertido de hacer teatro. También puede resultar apasionante crear los espacios dramáticos en los que han derivado los de la novela: un burdel puede crearse sin un solo objeto o imagen de fondo: tan solo con música, vestuario y movimiento, y luces rojas si se dispone de ellas. Pero también cabe desoír las acotaciones y crear cierta ambigüedad: que el público comparta así parte de la miopía chiflada de don Quijote y que no quede claro si estamos ante princesas o prostitutas, molinos o gigantes, mulas o dromedarios. Esto no solo afecta al espacio, sino al aspecto de Dulcinea o Maritornes, por ejemplo.

A la hora de interpretar a los personajes de esta obra, hay que buscar, por encima de todo, la claridad. No olvidemos que, salvo en la primera escena, la mayor parte del texto de la obra mantiene el léxico y la sintaxis que salió de la pluma de Cervantes. Es decir, una prosa tan deliciosa para el lector avezado como oscura para el que se inicia, como se espera de la mayor parte del público de esta obra. Es por eso que, al modo de los mejores intérpretes de teatro clásico, hay que buscar que el sentido de lo dicho se aclare siempre con gestos precisos y con intenciones muy marcadas. Sin miedo a exagerar, ni a gritar ni a hacer el ridículo, que es lo que suele atenazar a los jóvenes actores. Por eso hay que pedirles, por encima de todo, que hablen despacio. Des-pa-cio. Y recordarles que, si ellos sienten que al hablar así parecen tontos, todo va por buen camino. Porque lo que percibirá el público no es eso, sino lo bien que se entiende lo que dicen, pese a que lo que dicen sea algo tan antiguo y complicado.

Como no podría ser de otra manera tratándose de una versión del *Quijote*, las peleas aparecen por doquier. Por lo tanto, si fuera posible, es una buena idea formar a los intérpretes en los rudimentos de la lucha escénica. Y, en todo caso, planificar las palizas con coreografías muy detalladas que resulten «limpias» en su resultado final. Porque suele parecer más natural y espontáneo lo que antes más se ha preparado y planificado. Es la inapelable «paradoja del comediante» de la que hablaba Diderot. En todo caso, este texto puede llegar a puertos muy interesantes si el teatro y la danza se dan la mano y ponen rumbo a un destino común.

BREVE NOTICIA DE UN ENCARGO Y DOS ESTRENOS

Esta versión teatral de *Don Quijote de la Mancha* surgió en el verano de 2019 como un encargo del director teatral Marco Alotto, que quería llevar a escena las aventuras de don Quijote con un reparto internacional formado por jóvenes estudiantes de distintos países. Era una edición más del longevo festival Lingue in Scena, que presenta cada año en Turín (Italia) un clásico interpretado por jóvenes en versión políglota. Diez alumnos míos de Artes Escénicas del IES Antonio Machado de Alcalá de Henares interpretarían sus personajes en español en el mismo espectáculo en el que otros lo harían en italiano, francés, alemán, inglés y polaco, después de representar la obra cada uno de los colectivos en sus respectivos países. Sin embargo, la irrupción de la pandemia de COVID-19 y otros imprevistos retrasaron dos años el estreno.

Todavía cubiertos con mascarillas, el 17 de marzo de 2022 se estrenó una versión parcial de esta obra en el salón de actos del IES Antonio Machado, a cargo de mis propios alumnos y con mi propia dirección. Creo que fue muy bien, y digo «creo» porque no pude verlo: el día anterior había nacido mi hija Martina, en un parto feliz pero adelantado. Siempre agradeceré a Susana García-Sampedro y a mis alumnos que desobedecieran mi orden de suspender la función y la pusieran en escena ante nuestro público. Poco después, el 22 de abril de ese mismo año, se estrenó en la Casa del Teatro Ragazzi e Giovani de Turín *Don Chisciotte/Play*, la versión políglota de esta obra, traducida a todas las lenguas mencionadas y bajo la dirección de Marco Alotto.

21

En escena, casi sesenta intérpretes; un Quijote español podía dialogar con un Sancho irlandés, otro francés con uno alemán, un italiano con un polaco, entre muchas otras combinaciones; y decenas de jóvenes que bailaban entrelazados formando las aspas de un molino realmente gigantesco. Una locura. O un juego.

JUAN PABLO HERAS

QUIJOTE/PLAY

'DRAMATIS PERSONAE'

Uno / Uno-Don Quijote
Dos / Narrador
Tres / Tres-Don Quijote
Cuatro / Cuatro-Don Quijote
Cinco / Cinco-Sancho
Seis / Seis-Don Quijote
Siete / Siete-Sancho
Ocho / Ocho-Don Quijote
Nueve / Nueve-Sancho
Diez / Diez-Sancho

Porquero
Ventero
Prostitutas
Maritornes
Juan Haldudo
Andresillo
Dulcinea
Vizcaíno
Vizcaína
Cabreros
Cabrero

CABRERA

AMBROSIO

PEDRO

MARCELA

CUADRILLERO

ALGUACILES

BARBERO

OTRO BARBERO

DUQUESA

DUQUE

CAZADORES

ECLESIÁSTICO

TRIFALDÍN

CONDESA TRIFALDI / MAYORDOMO

SÉQUITO

MÉDICO

CARTERO

PREGUNTADOR

RICOTE

HOMBRE

CABALLERO DE LA BLANCA LUNA / SANSÓN
CARRASCO

El montaje o lectura colectiva de esta obra requiere un mínimo de diez intérpretes y un máximo ilimitado, que puede ajustarse sin dificultad a la variedad imprevisible de cualquier grupo de clase, taller o compañía teatral juvenil. Siguiendo la tradición, en el elenco listado arriba se incluye solo a aquellos personajes que tienen texto asignado. Pero hay otros que no por ser mudos carecen de una presencia importante en escena, como el arriero y el vizcaíno, por no hablar de los numerosos personajes colectivos que salpican la obra.

ESCENA 1
Yo soy don Quijote

(Diez intérpretes se reúnen en torno a un libro. Uno de ellos lee en voz alta).

UNO. En un lugar de la Mancha, de cuyo nombre no quiero acordarme, no ha mucho tiempo que vivía un hidalgo de los de lanza en astillero, adarga antigua, rocín flaco y galgo corredor. Una olla…

DOS. No, no era ahí. Más adelante.

UNO. Tenía en su casa un ama que…

TRES. ¡Tampoco, tampoco!

CUATRO. ¡Pasa la página!

UNO. Frisaba…

DOS. ¡Ahí, ahí!

UNO. Frisaba la edad de nuestro hidalgo…

CINCO. ¿Qué significa eso de «frisaba»?

TRES. Ni idea…

DOS. Que rozaba. Que estaba muy cerca. Que le quedaba muy poquito para llegar… Veréis. *(A UNO).* Déjame el libro. *(Leyendo).* «Frisaba la edad de nuestro hidalgo con…» *(pausa)* los dieciocho años.

CINCO. ¿Dieciocho?

SEIS. No puede ser.

SIETE. De ninguna manera.

NUEVE. Don Quijote no puede tener dieciocho años.

CINCO. Diecisiete. «Frisaba» significa que le queda poco para…

UNO. Don Quijote es un anciano.

CUATRO. No te pases…

OCHO. No es tan mayor…

UNO. Ni tan joven.

DOS. «Frisaba la edad de nuestro hidalgo con los dieciocho años».

CUATRO. ¿Otra vez?

DOS. Dieciocho años porque don Quijote… Don Quijote soy yo.

UNO. ¡¡¡Eh!!! Eso no puede ser.

DOS. ¿Por qué?

UNO. Porque… Porque… ¡Porque yo soy don Quijote!

TRES. ¡No, yo soy don Quijote!

CUATRO. ¡No, yo!

(Todos hablan a la vez atribuyéndose la identidad del caballero).

NUEVE. ¡Yo no quiero!

TODOS. ¿¿¿No???

DIEZ. ¿No quieres ser don Quijote?

NUEVE. No, no es eso. No quiero cumplir dieciocho años.

SIETE. ¡Venga ya!

UNO. Tener dieciocho años es…

NUEVE. Una mierda. ¡Te pueden meter en la cárcel!

(Todos le protestan y enumeran a la vez las ventajas de ser mayor de edad).

DOS. Todos tenéis razón. *(A NUEVE)*. Y tú también tienes razón. ¿Sabéis qué es tener dieciocho años?

TODOS. ¡¿Qué?!

DOS. Tener dieciocho años es escribir tu propia novela.

CINCO. ¡Como don Quijote!

DOS. No exactamente. Don Quijote se pasaba los días leyendo novelas de caballería.

CINCO. ¿Todos los días? ¿Por qué?

DOS. Porque el final de cada uno de ellos era… *(lee)* «la promesa de aquella inacabable aventura».

UNO. ¡Pero todos los libros se acaban!

DOS. No si el autor eres tú. Escuchad: *(lee)* «Muchas veces le vino deseo de tomar la pluma y darle fin al pie de la letra, como allí se promete, y sin duda alguna lo hiciera, y aun saliera con ello, si otros mayores y continuos pensamientos no se lo estorbaran». ¿Sabéis cuáles eran esos pensamientos? Que había algo mejor que escribir una novela. Don Quijote decidió… vivir en una novela.

TRES. ¿Vivir? Claro, para que fueran otros los que escribieran sobre él.

31

Dos. Estamos rozando los dieciocho años. Ha llegado la hora de que vivamos nuestras propias novelas.

Cuatro. ¡Yo seré don Quijote!

Dos. ¿Y tu novela?

Cuatro. ¿Mi novela?

Tres. ¿Qué contarán de ti?

Cuatro. Pues… Ya lo sé. Algún día alguien contará… cómo llegué a Marte.

Seis. ¿A Marte?

Cuatro. Sí, seré el primer ser humano en pisar el polvo rojo.

Ocho. Yo también viviré en una novela. Y será… romántica.

(Juega a darse besos con otro actor. Nueve le hace fotos).

Siete. ¡Yo seré don Quijote! Y de mí dirán las crónicas que, como presidente de la Unión Mundial de Naciones, acabé con todas las guerras e injusticias del mundo.

Todos. ¡Don Quijote presidente! ¡Don Quijote presidente!

Uno. Un momento, un momento… El público no ha venido a que le contemos nuestra historia.

Ocho. ¿No? Pues a mí me parece muy interesante. *(Al público).* Podéis seguirme en…

Uno. ¡No! Estamos contando la historia de don Quijote de la Mancha, caballero andante.

32

DIEZ. Los caballeros andantes no existen. Nunca han existido.

UNO. Tampoco tu vida… Todavía.

DOS. Pues empecemos a vivir. Pongamos en pie a don Quijote de la Mancha.

UNO. Eso es. Necesitamos un caballo, una armadura, un yelmo…

(Al instante, varios actores traen a escena un casco de moto medio roto y una vieja chaqueta de motero. Antes de que se dé cuenta le ponen todo eso a UNO, que no sale de su asombro. Una vez que se ve así vestido, deja ver en su gesto que espera una moto, pero lo que recibe es una bicicleta vieja —puede ser estática— dotada con unas alforjas roñosas y un palo de fregona a modo de lanza).

CINCO. ¡Aquí tienes a Rocinante!

UNO. ¡Eh! ¿Qué estáis haciendo?

DOS. Tú serás don Quijote…

TRES. Pero solo en esta escena, ¿eh?

(UNO se observa a sí mismo asombrado. Pedalea con cuidado en su bicicleta y empieza a sentirse cómodo, y enseguida entusiasmado).

UNO-DON QUIJOTE. ¡¡¡A la aventura!!!

ESCENA 2
Espejismos de la primera salida

(UNO-DON QUIJOTE recorre los caminos de la Mancha con su bicicleta Rocinante. DOS toma el libro y lee).

DOS. Apenas se vio en el campo, cuando le asaltó un pensamiento terrible, y fue que le vino a la memoria que no era armado caballero y que, conforme a la ley de caballería, ni podía ni debía tomar armas.

UNO-DON QUIJOTE. ¿Que no puedo? Yo soy don Quijote de la Mancha...

DOS. Todavía no... Por ahora, solo eres el hidalgo Alonso Quijano. Escucha: *(leyendo)* Estos pensamientos le hicieron titubear en su propósito; mas propuso de hacerse armar caballero del primero que topase, a imitación de muchos otros que así lo hicieron, según él había leído en los libros.

UNO-DON QUIJOTE. No pararé hasta que encuentre un castillo donde ser armado caballero. Nada ni nadie puede parar a don Quijote.

(Empieza a circular con la bicicleta, pero pronto muestra cansancio).

DOS. A don Quijote quizá no, pero mucho antes de encontrar algún castillo a Alonso Quijano se le acabó la batería. Al anochecer, su rocín y él se hallaron cansados y muertos de hambre.

UNO-DON QUIJOTE. ¿Hambre? No, no, los caballeros andantes no sentimos esas cosas.

(Intenta seguir pedaleando, pero le fallan las fuerzas).

DOS. Tendrás que parar. Descansar. Comer…

UNO-DON QUIJOTE. ¿Descansar? ¿Comer? Que borren esas debilidades de la novela de mi vida. Yo no pararé hasta encontrar un castillo.

DOS. En esto, sucedió acaso que un porquero que andaba replegando una manada de puercos (que, sin perdón, así se llaman) tocó un cuerno, a cuya señal ellos se repliegan.

(Entra un PORQUERO tocando el cuerno y empujando a otros actores que interpretan a los cerdos. Se mueven por todo el escenario y rodean a DON QUIJOTE).

UNO-DON QUIJOTE. ¿Puercos? No, no, no, es un enano que guarda la puerta del castillo y que anuncia mi llegada.

DOS. ¿Castillo?

TRES. ¿Castillo?

TODOS. ¿Castillo?

PORQUERO. ¿Enano?

> *(El PORQUERO se observa a sí mismo y se marcha llorando, arrastrando a sus puercos. Van entrando en el escenario varias PROSTITUTAS, con aspecto demacrado. El lugar, la venta, es sórdido y sucio, más cercano a un burdel de carretera de cualquier ciudad de la Europa de hoy que a un hotel pintoresco con los que la Mancha de ahora trata de captar turistas atraídos por el prestigio de la novela cervantina).*

UNO-DON QUIJOTE Y DOS. *(Al público, simultáneamente).* Un castillo con sus cuatro torres y chapiteles de luciente plata, sin faltarle su puente levadizo y honda cava.

> *(DON QUIJOTE se acerca a unas PROSTITUTAS. Lo miran atónitas. Hace esfuerzos por quitarse el casco, pero no lo consigue. Ellas se asustan y se alejan de él. Una de ellas se va).*

UNO-DON QUIJOTE. No fuyan las vuestras mercedes, tan altas doncellas como vuestras presencias demuestran.

36

(Las PROSTITUTAS comprueban que el desconocido es inofensivo y vuelven a acercarse. Intentan quitarle el casco, pero no lo consiguen. La que se había marchado vuelve acompañada por un hombre, el VENTERO. Este también intenta quitarle el casco, pero a pesar de los forcejeos solo consigue abrirle la visera).

VENTERO. Si vuestra merced, señor caballero, busca posada, amén del lecho (porque en esta venta no hay ninguno), todo lo demás se hallará en ella en mucha abundancia.

(Con «todo lo demás» el VENTERO, en realidad un proxeneta, se refiere a las PROSTITUTAS, a las que con un gesto obliga a contonearse delante de DON QUIJOTE para que este elija a cuál llevarse a la cama. DON QUIJOTE lo rechaza).

UNO-DON QUIJOTE. Ni necesito lecho ni osaré tocar a tan fermosas como castas damas, pues mi único fin es ser armado caballero por usted, señor alcaide de este castillo.

(El VENTERO aparta a las PROSTITUTAS).

VENTERO. ¿Trae dinero?
UNO-DON QUIJOTE. Jamás leí que un caballero andante lo llevara.

VENTERO. ¿Ni camisas limpias?

UNO-DON QUIJOTE. Tampoco.

VENTERO. Que no aparezca en las novelas no es porque los caballeros no las lleven, sino porque es algo tan claro que los autores no necesitan escribirlo.

UNO-DON QUIJOTE. No necesito lecho ni alimento. Tan solo que me indique dónde está la capilla para velar en ella las armas toda la noche.

VENTERO. Capilla no tenemos en este «castillo», pero si quiere puede velar las armas en el patio y mañana quedará armado caballero, y tan caballero que no pudiese ser más en el mundo.

(El VENTERO se marcha y obliga a hacer lo mismo a las PROSTITUTAS. DON QUIJOTE se queda solo y se arrodilla, dispuesto a velar sus armas, que no son más que cachivaches viejos que saca de las alforjas de su bicicleta: una navaja suiza, un abrelatas, un destornillador… Al poco tiempo vuelve una de las chicas, MARITORNES, que lleva un plato de comida. Camina sigilosa, como si actuara sin permiso).

MARITORNES. ¡Eh! *(DON QUIJOTE bisbisea oraciones inaudibles y no oye. Ella alza la voz).* ¡Eh! ¡Eeeh! *(DON QUIJOTE reacciona. Ella comprueba que nadie ha escuchado sus gritos y le habla ahora en voz baja).* Te he traído comida. Unas truchuelas. Son para ti.

38

(DON QUIJOTE duda. Titubea a la hora de aceptarlo. Finalmente agarra el plato con el ansia del hambriento).

UNO-DON QUIJOTE. Gracias, bella dama, que el trabajo de las armas no se puede llevar sin el gobierno de las tripas.

(DON QUIJOTE se dispone a comer, pero la visera del casco se le cae a cada leve movimiento de la cabeza. MARITORNES, asegurándose de que el VENTERO ignora sus actos, acaba dándole la comida manteniéndole levantada la visera).

VENTERO *(En* off*).* ¡Maritornes! ¡Llegan clientes!

(MARITORNES se va corriendo. DON QUIJOTE intenta comer un poco más, pero no lo consigue. Resignado, vuelve a arrodillarse y a velar sus armas. Entra un grupo de hombres, algo borrachos y dispuestos a entrar en el prostíbulo. Uno de ellos tropieza con las «armas» de DON QUIJOTE).

UNO-DON QUIJOTE. ¡Oh, tú, quienquiera que seas, atrevido caballero, que llegas a tocar las armas del más valeroso andante que jamás se ciñó espada! Mira lo que haces, y no las toques, si no quieres dejar la vida en pago de tu atrevimiento.

(Acto seguido, arremete con el destornillador contra el hombre y lo tira al suelo. Los demás intentan defenderlo y DON QUIJOTE se enfrenta a todos. En ese momento aparece el VENTERO seguido de MARITORNES y otras PROSTITUTAS. Aparta a DON QUIJOTE y se dirige a los hombres).

VENTERO. Pasen. Las chicas les están esperando. *(Los hombres se marchan con ellas. A DON QUIJOTE).* Disculpe a esta gente baja e insolente. *(DON QUIJOTE intenta arrodillarse de nuevo, pero el VENTERO se lo impide).* Usted ya ha cumplido sobradamente con el sagrado acto de velar las armas. Procedamos ya a armarle caballero. No esperemos más, que los agraviados de la Mancha le están esperando.

UNO-DON QUIJOTE. Así sea, señor alcaide.

(El VENTERO hace un gesto a MARITORNES, que vuelve con un cuchillo jamonero y un cuaderno viejo. Con cierta prisa, el VENTERO simula leer ciertas oraciones y golpea en cabeza y hombros a DON QUIJOTE con la hoja del cuchillo, sin herirle, pero con tanta fuerza que le cuesta no perder el equilibrio).

VENTERO. Dios haga a vuestra merced muy venturoso caballero y le dé ventura en lides.

DOS. Hechas, pues, de galope y aprisa, las hasta allí nunca vistas ceremonias, no vio la hora don Quijote de verse a caballo y salir buscando las aventuras.

(En efecto, DON QUIJOTE se sube a su bicicleta y se marcha. El VENTERO, aliviado por haberse quitado de encima al loco, se va. Sin embargo, cuando apenas DON QUIJOTE ha dado una pedalada, aparece MARITORNES).

MARITORNES. ¡Eh, eh, señor caballero!

UNO-DON QUIJOTE. A su servicio, gentil dama.

MARITORNES. ¿Busca vuestra merced alguna injusticia que pueda reparar?

UNO-DON QUIJOTE. Busco a cualquier menesteroso o menesterosa que ha menester mi favor y ayuda.

MARITORNES. En ese caso, yo sé a dónde debe encaminarse.

(MARITORNES le habla al oído).

UNO-DON QUIJOTE. Gracias doy al cielo por la merced que me hace, pues tan presto me pone ocasiones delante donde yo pueda cumplir con lo que debo a mi profesión.

(MARITORNES, con un gesto que mezcla extrañeza y agradecimiento, se retira. DON QUIJOTE se en-

41

camina hacia el lugar señalado para su aventura. Es en plena calle, quizá en la soledad nocturna de los callejones de un polígono industrial o de un oscuro parque, donde PROSTITUTAS todavía más desamparadas hacen hogueras para espantar el frío mientras esperan a los clientes que llegan con sus coches. Allí está ANDRESILLO, o Andresilla, que en ese momento está siendo azotado o azotada por su proxeneta, JUAN HALDUDO).

UNO-DON QUIJOTE. Descortés caballero, mal parece tomaros con quien defender no se puede.

JUAN HALDUDO. ¡Largo! Yo solo quiero que me dé lo que me pertenece.

ANDRESILLO. ¡Lo que yo gané es mío! ¡Es el precio de mi cuerpo!

UNO-DON QUIJOTE. Dejadle libre. Si no, por el Dios que nos rige, que os aniquile en este punto.

(DON QUIJOTE arremete contra JUAN HALDUDO con tanto ímpetu que este retrocede, lo que permite a ANDRESILLO apartarse).

JUAN HALDUDO. Oiga, no le crea. Yo lo protejo.

ANDRESILLO. ¡Mentira!

JUAN HALDUDO. Si no fuera por mí, estaría tirado en alguna calle de su país muriéndose de hambre. Ven conmigo, Andresillo, que te llevaré a casa y

42

hablaremos tranquilamente. *(A Don Quijote).* Y yo le juro a usted…

Uno-Don Quijote. Jure por la ley de caballería.

Andresillo. No le escuche. Él no es caballero ni ha recibido orden de caballería alguna.

Uno-Don Quijote. Importa eso poco, que cada uno es hijo de sus obras.

Juan Haldudo. Juro por la ley de caballería…

Andresillo. *(A Don Quijote).* ¡No le crea, por favor!

Juan Haldudo. Juro por la ley de caballería que no volveré a hacerle daño.

Uno-Don Quijote. Mirad que lo cumpláis como lo habéis jurado; si no, por el mismo juramento os juro de volver a buscaros y castigaros, aunque os escondáis más que una lagartija. Y si queréis saber quién os manda esto, sabed que yo soy el valeroso don Quijote de la Mancha, el desfacedor de agravios y sinrazones.

Dos. Y, en diciendo esto, picó a su Rocinante y en breve espacio se apartó de ellos.

(Don Quijote baja la visera de su casco y se aleja. No sale de escena, sino que pedalea en sentido contrario a ellos ignorando lo que les sucede).

Juan Haldudo. Venid acá, hijo mío.

Andresillo. ¡Cumpla el mandamiento de aquel caballero, que mil años viva! ¡Y si no, que vuelva y ejecute lo que dijo!

43

JUAN HALDUDO. También lo juro yo.

(Y de inmediato vuelve a agredir a ANDRESILLO, con mucha más saña que antes, hasta dejarlo inconsciente. El horror de la paliza coincide y contrasta con la alegría de DON QUIJOTE y el relato de su regreso a casa).

DOS. Don Quijote iba tan contento, tan gallardo, tan alborozado por verse ya armado caballero, que el gozo le reventaba por las cinchas del caballo. Mas viniéndole a la memoria los consejos de su huésped acerca de los dineros y camisas, determinó volver a su casa y acomodarse de un escudero, haciendo cuenta de recibir a un labrador vecino suyo, que era pobre y con hijos, pero muy a propósito para el oficio escuderil de la caballería.

(UNO se quita el casco).

UNO. Mmm… No me ha gustado mucho cómo ha terminado esta aventura. Ya no quiero ser don Quijote.

TRES. ¿Qué hubieras hecho tú?

UNO. Yo… No marcharme hasta dejar el trabajo terminado.

TRES. ¿Eso habrías hecho tú? ¿De verdad? ¿Tú caminarías de noche por un barrio como ese? ¿Tú te atreverías a meterte con un individuo como ese?

44

UNO. Yo...

TRES. Sé sincero.

UNO. No. No estoy loco.

ESCENA 3
El olor de Dulcinea

(Dos alza el casco que Uno se ha quitado, como ofreciéndoselo a los demás actores. Tres lo releva).

TRES. ¡Yo! ¡Yo seré don Quijote! Pero voy a necesitar ayuda.

DOS. Un labrador vecino suyo, hombre de bien...

CINCO. ¡Sancho Panza! ¡El famoso escudero de don Quijote de la Mancha! ¡Me lo pido!

DOS. ... pero de muy poca sal en la mollera.

CINCO. ¡¡¡Eeeh!!!

DOS. Es lo que dice el narrador del libro.

CINCO. Eso habrá que verlo. A lo mejor, al final, cambia de opinión. Que cada uno es... ¿Cómo era?

TODOS. ¡Hijo de sus obras!

(Rápidamente le traen a Sancho una vestimenta y una montura muy semejante a la de su amo —si la bicicleta fuera estática, esta también lo sería—, aunque el conjunto resulta todavía más zarrapastroso).

CINCO-SANCHO. Señor Quijano, digo, señor don Quijote, no tengo muy claro si dejar mi casa para irme con usted.

TRES-DON QUIJOTE. *(A SANCHO).* Si me acompañas, tal vez…

CINCO-SANCHO. ¿Tal vez…?

TRES-DON QUIJOTE. No, no, es demasiado para un villano como tú.

CINCO-SANCHO. Tengo dos manos y dos pies.

TRES-DON QUIJOTE. Digo que, tal vez, en alguna aventura… No, no te va a interesar…

CINCO-SANCHO. Señor…

TRES-DON QUIJOTE. Digo que bien podría ser que antes de seis días ganemos… una ínsula.

CINCO-SANCHO. ¡Una ínsula!

TRES-DON QUIJOTE. Y, como es costumbre antigua entre caballeros andantes y escuderos…, te quedarías tú como su gobernador.

CINCO-SANCHO. ¿Yo, gobernador?

TRES-DON QUIJOTE. Tú, Sancho Panza, gobernador de una ínsula.

CINCO-SANCHO. ¿Yo?

TRES-DON QUIJOTE. Tú.

CINCO-SANCHO. Juana Gutiérrez, mi oíslo…

TODOS. ¿Tu «oíslo»?

CINCO-SANCHO. Juana Gutiérrez, mi mujer…

TODOS. ¡Aaah!

CINCO-SANCHO. … vendría a ser reina, y mis hijos infantes.

TRES-DON QUIJOTE. Pues ¿quién lo duda? Igual que hacemos los caballeros andantes, podrás dedicar tus victorias a tu enamorada, pues caballero andante sin amores es árbol sin hojas y sin fruto.

CINCO-SANCHO. ¿Amores? Le suponía a usted soltero...

TRES-DON QUIJOTE. ¿Soltero? *(Dudando).* Has de saber que en este nuestro estilo de caballería es gran honra tener una dama muchos caballeros andantes que la sirvan.

CINCO-SANCHO. ¿Una dama muchos caballeros...? ¿Que la sirvan...?

TRES-DON QUIJOTE. Sin esperar otros premios de sus muchos y buenos deseos, sino que ella se contente por aceptarlos por sus caballeros.

CINCO-SANCHO. ¿Y quién es... esa dama tan... afortunada?

TRES-DON QUIJOTE. ¿Todavía lo ignoras? Dulcinea del Toboso es su nombre.

CINCO-SANCHO. Conozco El Toboso, pero ninguna princesa así llamada. ¿Hace poco que llegó al pueblo?

TRES-DON QUIJOTE. Allí nació, y allí siempre ha vivido. Pero es tan honrada que no se deja ver por cualquiera. En doce años que ha que la quiero más que a la lumbre de estos ojos que han de comer la tierra, no la he visto cuatro veces; y aun podrá ser que de estas cuatro veces no hubiese ella echado de ver la una que la miraba: tal es el recato y encerramiento con que su padre, Lorenzo Corchuelo, y su madre, Aldonza Nogales, la han criado.

(SANCHO *se queda patidifuso. Va a abrir la boca, pero se queda congelado).*

OCHO. Un momento: ¿ni le había dirigido la palabra, ni le había tocado siquiera, y andaba él enamorado y dedicándole batallas?

(*Entra* DULCINEA. DON QUIJOTE *y* SANCHO *no la ven ni la oyen).*

DULCINEA. Y con eso basta. ¿Necesitas tú más para echarle flores a todas las que te encuentras por las redes sociales? ¿A esas, de las que no sabes siquiera lo que hay debajo de las máscaras de sus fotos?

SIETE. Sí, sí, «flores». Menudas burradas que suelta el amigo…

OCHO. A muchas les gusta.

DULCINEA. Calla o te bloqueo.

CINCO-SANCHO. ¡Ta, ta! ¿Que la hija de Lorenzo Corchuelo es la señora Dulcinea del Toboso, llamada por otro nombre Aldonza Lorenzo?

TRES-DON QUIJOTE. Y es la que merece ser señora de todo el universo.

DULCINEA. Eso, eso, ¿habéis oído?

49

CINCO-SANCHO. Bien la conozco, y sé decir que tira tan bien una barra como el más forzudo zagal de todo el pueblo. ¡Es moza de chapa, hecha y derecha y de pelo en pecho!

OCHO. *(A DULCINEA)*. ¿Qué dices ahora? ¿Quién es el que se engaña? ¿Qué imágenes tuyas haces circular por ahí y que nada tienen que ver con lo que ves en el espejo?

DULCINEA. ¡Basta! ¡Cállate!

TRES-DON QUIJOTE. Sancho, por lo que yo quiero a Dulcinea del Toboso, tanto vale como la más alta princesa de la Tierra. Y así, bástame a mí pensar y creer que la buena de Aldonza Lorenzo es hermosa y honesta; yo imagino que todo lo que digo es así, sin que sobre ni falte nada, y la pinto en mi imaginación como la deseo. Y diga cada uno lo que quisiere.

DULCINEA. ¿Lo ves?

OCHO. ¡No te quiere a ti! ¡Solo a tu avatar!

DULCINEA. ¡Eso no es cierto! Don Quijote… me ha olido…

TRES-DON QUIJOTE. Yo sé bien a lo que huele aquella rosa entre espinas, aquel lirio del campo, aquel ámbar desleído.

OCHO. ¡Y también Sancho!

CINCO-SANCHO. Lo que sé decir es que sentí un olorcillo algo hombruno, y debía de ser que ella, con el mucho ejercicio, estaba sudada y algo correosa.

DULCINEA. ¿Acaso las princesas no sudan?

OCHO. Si sudara, no sería Dulcinea…

TRES-DON QUIJOTE. No sería eso, sino que te debiste de oler a ti mismo.

CINCO-SANCHO. Todo puede ser, que muchas veces sale de mí aquel olor que entonces me pareció que salía de la señora Dulcinea.

TRES-DON QUIJOTE. Amigo Sancho, olvida esas sandeces y vayamos a por tu ínsula.

(DON QUIJOTE y SANCHO se preparan, poniéndose sus cascos y subiéndose a sus respectivas bicicletas).

DULCINEA. Don Quijote ama a Dulcinea tal y como es ella.

OCHO. ¡Dulcinea no existe!

DULCINEA. ¡Y don Quijote tampoco! Solo soñamos el uno con el otro sin salir de nuestra habitación… Con eso nos basta.

OCHO. ¿Os basta? Que nadie olvide que tiene cuerpo.

DULCINEA. ¿Qué quieres decir?

OCHO. Ahora lo entenderás.

ESCENA 4
Treinta molinos, dos vizcaínos
y ningún bálsamo de Fierabrás

(DON QUIJOTE y SANCHO pedalean. Están pletóricos y llenos de energía).

DOS. En esto, descubrieron treinta o cuarenta molinos de viento que hay en aquel campo.

TRES-DON QUIJOTE. La ventura va guiando nuestras cosas mejor de lo que acertáramos a desear; porque allí, amigo Sancho Panza, se descubren treinta desaforados gigantes, con quien pienso hacer batalla y quitarles a todos las vidas, que esta es buena guerra, y es gran servicio de Dios quitar tan mala simiente de sobre la faz de la Tierra.

CINCO-SANCHO. ¿Qué gigantes?

(Se bajan de las bicicletas).

TRES-DON QUIJOTE. Aquellos que allí ves de los brazos largos.

CINCO-SANCHO. Mire vuestra merced que aquellos que allí se parecen no son gigantes, sino molinos de viento, y lo que en ellos parecen brazos son las aspas.

TRES-DON QUIJOTE. Bien parece que no estás cursado en esto de las aventuras: ellos son gigantes; y si tienes miedo, quítate de ahí, que yo voy a entrar con ellos en fiera y desigual batalla. Non fuyades, cobardes y viles criaturas, que un solo caballero es el que os acomete.

DOS. En diciendo esto, y encomendándose de todo corazón a su señora Dulcinea, embistió con el primer molino que estaba delante; y dándole una lanzada en el aspa, la volvió el viento con tanta furia que hizo la lanza pedazos, llevándose tras de sí al caballo y al caballero, que fue rodando muy maltrecho por el campo.

(De forma simultánea a la lectura de DOS, DON QUIJOTE se enfrenta a los molinos, que pueden ser invisibles o interpretados por actores en una coreografía que evoque el movimiento circular de las aspas. Finalmente, cae. Cuando SANCHO le ayuda a levantarse, manifiesta signos claros de dolor. OCHO y SEIS, aparte. DULCINEA mira de lejos la escena).

SEIS. ¿Se ha hecho daño? ¿Don Quijote se ha hecho daño?

OCHO. No. Ni un rasguño.

53

SEIS. ¡Pero si casi se mata…!

OCHO. El que está herido es Alonso Quijano. Y Alonso Quijano se ha inventado a don Quijote para no sentir el dolor.

CINCO-SANCHO. Enderécese un poco, que parece que va de medio lado.

TRES-DON QUIJOTE. Si no me quejo del dolor es porque no es dado a los caballeros andantes quejarse de herida alguna, aunque se le salgan las tripas por ella.

OCHO. *(A DULCINEA)*. ¿Lo ves?

DULCINEA. No puedo soportar lo que estoy viendo.

OCHO. Alonso Quijano tampoco podía.

(A DON QUIJOTE le cuesta mantenerse en pie).

CINCO-SANCHO. Ya le dije yo que eran molinos…

TRES-DON QUIJOTE. Calla, amigo Sancho, que yo pienso, y es así verdad, que aquel sabio Frestón ha vuelto estos gigantes en molinos por quitarme la gloria de su vencimiento: tal es la enemistad que me tiene.

CINCO-SANCHO. ¿Qué Frestón? Aquí no hay nadie.

TRES-DON QUIJOTE. *(Señalando a SEIS y OCHO)*. Tú mismo podrás verlo: allí anda, con su lacayo, un demonio feo y despreciable.

(SEIS y OCHO miran con extrañeza a DOS. Este se encoge de hombros y busca desesperado en las páginas del libro).

54

SEIS. ¿Habla usted de nosotros?

TRES-DON QUIJOTE. ¡Sí, malvado hechicero!

CINCO-SANCHO. No se confunda, señor. Quizá se trate de… *(mirando a DOS, que sigue sin encontrar respuesta en el libro)* un molinero… y un panadero que viene a por su harina.

SEIS. *(Dudando)*. Sí… Estos molinos son míos… Pero…

OCHO. No muelen el grano.

SEIS. No, no, de ninguna manera.

OCHO. Producen… electricidad.

TRES-DON QUIJOTE. Eso suena a brujería.

OCHO. Bueno, más o menos. Pero no debéis atacarlos *(a SEIS)*, ¿verdad?

SEIS. No. Ayudan a la gente. A tener luz y… y… cargar sus móviles…

OCHO. Y no contaminan.

SEIS. No contaminan, no.

OCHO. Algún día, toda la energía será tan limpia como la que producimos nosotros…

SEIS. *(En voz baja, a OCHO)*. ¿Pero qué estás diciendo?

OCHO. Y el mundo será un lugar mejor y todos sonreiremos por las calles y…

TRES-DON QUIJOTE. ¿Lo ves, Sancho?

CINCO-SANCHO. ¿Que si veo qué? No entiendo ni una palabra.

TRES-DON QUIJOTE. Hablan como un caballero andante y su escudero.

SEIS. Eso es. Yo soy el ilustre caballero don...

TRES-DON QUIJOTE. ¡Pero a mí no me engañan! ¡Son unos malvados encantadores!

(DON QUIJOTE se pone en posición de ataque).

CINCO-SANCHO. Ay, ay, ay... Peor será esto que los molinos de viento.

TRES-DON QUIJOTE. Y llevan hurtada alguna princesa en aquel coche, y es menester deshacer este tuerto a todo mi poderío.

(SEIS y OCHO piden socorro con la mirada a DOS. Este ha oído la última intervención de DON QUIJOTE y SANCHO, y gracias a ella ha encontrado la página adecuada. SEIS asumirá el papel del VIZCAÍNO y otros los de los frailes y las damas, tal y como lo enuncia el narrador a continuación).

DOS. Estando en estas razones, asomaron por el camino dos frailes de la orden de San Benito, caballeros sobre dos dromedarios...

OCHO. ¿¿Dromedarios??

DOS. ... que no eran más pequeñas dos mulas en que venían.

OCHO. Aaah, vale...

DOS. Detrás de ellos venía un coche y en él una señora vizcaína que iba a Sevilla, donde su marido la esperaba para embarcar hacia las Indias. Era protegida por un recio escudero vizcaíno.

TRES-DON QUIJOTE. Gente endiablada y descomunal, dejad la alta princesa que en ese coche lleváis forzada; si no, aparejaos a recibir presta muerte, por justo castigo de vuestras malas obras. *(SANCHO y los frailes se esconden y DON QUIJOTE ataca al VIZCAÍNO. Este se defiende y le derriba).* ¡Oh, señora de mi alma, Dulcinea, flor de la fermosura, socorred a este vuestro caballero, que por satisfacer a la vuestra mucha bondad en este riguroso trance se halla!

(DULCINEA corre con intención de ayudar a DON QUIJOTE. Pero OCHO se interpone en su camino y la para).

OCHO. No podrás.

DULCINEA. ¿Por qué?

OCHO. No es su cuerpo el que te invoca. Ni Dulcinea tiene manos que puedan tocarle.

DULCINEA. No lo entiendo.

DOS. ¡La rabia que entró en el corazón de nuestro manchego! Apretando más la espada en las dos manos, con tal furia descargó sobre el vizcaíno que le acertó de lleno como si cayera sobre él una montaña. Poniéndole la punta de la espada en los ojos, le dijo que se rindiese; si no, que le cortaría la cabeza. Estaba el vizcaíno tan turbado que no podía

57

responder palabra; y él lo pasara mal, según estaba ciego don Quijote, si la señora del coche no le pidiera perdonar la vida a aquel su escudero.

(La señora VIZCAÍNA le ruega con gestos a DON QUIJOTE que desista de su ataque).

TRES-DON QUIJOTE. Yo soy muy contento de hacer lo que me pedís; mas ha de ser con una condición y concierto, y es que este caballero me ha de prometer de ir al lugar del Toboso y presentarse de mi parte ante la sin par doña Dulcinea.

(Con un gesto que mezcla la incredulidad con el alivio, el VIZCAÍNO y todos los demás asienten y se marchan corriendo).

DULCINEA. *(A OCHO).* Ese tal vizcaíno... nunca me encontrará, ¿verdad?
OCHO. Veo que ya lo entiendes.

(SANCHO sale al encuentro de DON QUIJOTE).

CINCO-SANCHO. Sea vuestra merced servido, señor don Quijote mío, de darme el gobierno de la ínsula que en esta rigurosa pendencia se ha ganado; que, por grande que sea, yo me siento con fuerza de saberla gobernar.

TRES-DON QUIJOTE. Advertid, hermano Sancho, que esta aventura y las a esta semejantes no son aventuras de ínsulas, sino de encrucijadas, en las cuales no se gana otra cosa que sacar rota la cabeza o una oreja menos. Tened paciencia, que aventuras se ofrecerán.

CINCO-SANCHO. Se lo agradezco, mi señor. Lo que le ruego a vuestra merced es que se cure; que le va mucha sangre de esa oreja.

TRES-DON QUIJOTE. Tan solo necesito el bálsamo de Fierabrás.

CINCO-SANCHO. ¿Qué bálsamo es ese?

TRES-DON QUIJOTE. Es un bálsamo del que tengo la receta en la memoria, con el cual no hay que temer morir de herida alguna. Y así, cuando vieres que en alguna batalla me han partido por medio del cuerpo, pondrás la parte del cuerpo que hubiere caído en el suelo, antes que la sangre se hiele, sobre la otra mitad que quedare en la silla. Luego me darás a beber solos dos tragos del bálsamo que he dicho, y me verás quedar más sano que una manzana.

CINCO-SANCHO. Si eso hay, yo renuncio desde aquí al gobierno de la prometida ínsula y no quiero otra cosa en pago de mis muchos y buenos servicios que vuestra merced me dé la receta de ese extremado licor, que sin duda me haré rico y podré pasar el resto de la vida descansando.

TRES-DON QUIJOTE. Calla, amigo, que mayores secretos pienso enseñarte; y, por ahora, curémonos, que la oreja me duele más de lo que yo quisiera.

CINCO-SANCHO. Deme vuestra merced, pues, la receta...

TRES. *(Saliendo del personaje)*. No, digo que me duele. De verdad, me duele.

CINCO-SANCHO. ¿Mi señor?

TRES. ¡De verdad! *(A SEIS)*. ¡Oye, tío, te has pasado!

SEIS. ¡Perdona! ¡Ha sido sin querer!

CINCO. ¡Oye, que está sangrando!

(CINCO y TRES se quitan los cascos y van saliendo de escena).

TRES. Vamos, vamos, busquemos un médico.

CINCO. ¿Y el bálsamo?

TRES. ¿Pero quieres salir del personaje ya?

CINCO. Vale, vale, pero, entonces... ¿Sancho se hará rico con esa maravilla?

TRES. ¡Claro que no! Don Quijote necesita que Sancho sueñe un poco, porque, si no, se vuelve a casa y le deja tirado en mitad del camino.

CINCO. ¡Eh, ese don Quijote es un embaucador!

TRES. No es eso... Es que en los caminos se sufre mucho la soledad...

60

ESCENA 5
El honor de Marcela

(DOS levanta los cascos y las bicicletas de DON QUIJOTE y SANCHO).

DOS. ¿Quién quiere…?

CUATRO. ¡Yo seré don Quijote!

SIETE. ¡Y yo Sancho! Me muero de ganas de gobernar alguna ínsula…

(Se ponen los cascos y asumen los personajes).

DOS. Deseosos de buscar dónde alojarse aquella noche, subieron a caballo y se dieron prisa por llegar a poblado antes que anocheciese; pero les faltó el sol, y la esperanza de alcanzar lo que deseaban, junto a unas chozas de unos cabreros, y así, determinaron de pasarla allí, durmiendo al cielo descubierto.

(Aparece un grupo de jóvenes. Son los CABREROS, que pueden tener aspecto de muchachos que han buscado un rincón apartado en la ciudad para comer y beber juntos. Seguramente escuchan música).

SIETE-SANCHO. Mmm… Qué bien huele…

CUATRO-DON QUIJOTE. Amigo Sancho, creo que ha llegado el momento de hacer un alto en nuestro camino.

SIETE-SANCHO. Si tuviéramos la suerte de que aquellos jóvenes quisieran compartir con nosotros parte de sus viandas…

(DON QUIJOTE y SANCHO se acercan a ellos, atraídos por la comida. El acercamiento es mudo, sin palabras. Es claro que caballero y escudero están hambrientos y sedientos. Con gestos, los CABREROS les invitan a comer y beber, lo que SANCHO hace con voracidad y DON QUIJOTE con disimulo. En cuanto ve que nadie le hace caso, DON QUIJOTE deja la comida y empieza su estentóreo discurso).

CUATRO-DON QUIJOTE. Dichosa edad y siglos dichosos aquellos a quien los antiguos pusieron nombre de dorados, porque entonces los que en ella vivían ignoraban estas dos palabras de *tuyo* y *mío*. Eran en aquella santa edad todas las cosas comunes. Todo era paz entonces, todo amistad, todo concordia. No había fraude, engaño ni malicia mezclándose con la verdad y la llaneza.

CABRERO. ¿Y eso cuándo fue?

SIETE-SANCHO. Por lo menos cuando mi abuelo, que siempre va diciendo que cuando él era joven no pasaban tantas desgracias como ahora.

CUATRO-DON QUIJOTE. Ninguna como aquella: por eso es llamada la edad de oro. Y porque ahora, en nuestros detestables siglos, no hay calle ni camino por los que se pueda ir seguro, se instituyó la orden de los caballeros andantes, para defender las doncellas, amparar las viudas y socorrer a los huérfanos y a los menesterosos. De esta orden soy yo.

(Entra el cortejo fúnebre de Grisóstomo, simultáneamente al relato de DOS. AMBROSIO dirige el entierro).

DOS. En estas pláticas iban, cuando vieron que de dos altas montañas bajaban hasta veinte pastores, todos vestidos con pellicos de lana negra y coronados con guirnaldas. Entre seis de ellos traían unas andas, cubiertas de mucha diversidad de flores y de ramos. Don Quijote y los que con él venían se pusieron a mirar las andas, y en ellas vieron cubierto de flores un cuerpo muerto.

AMBROSIO. Ese es el cuerpo de Grisóstomo, primero en todo lo que es ser bueno, y sin segundo en todo lo que fue ser desdichado. Quiso bien, fue aborrecido; adoró, fue desdeñado; rogó a una fiera, importunó a un mármol, corrió tras el viento, dio voces a la soledad, sirvió a la ingratitud. Y alcanzó por premio ser despojos de la muerte en la mitad de la carrera de su vida, a la cual dio fin una pastora.

SIETE-SANCHO. ¿Una pastora? ¿Cómo pudo con un hombre de esta envergadura?

CABRERO. Dicen que murió de amores. Tú, Pedro, lo sabes contar bien.

PEDRO. Marcela se llama la que acabó cruelmente con la vida de Grisóstomo. Esa encantadora enamora a los hombres: habla amigablemente con todos, pero, en cuanto cualquiera de ellos le descubre su intención, aunque sea justa y santa, los arroja de sí como con un trabuco. Hace más daño en esta tierra que si por ella entrara la pestilencia; porque su afabilidad y hermosura atrae los corazones de los que tratan de servirla y amarla; pero su desdén y desengaño los conduce a la desesperación.

CABRERA. ¡Cómo las odio!

CABRERO. ¿A quiénes?

CABRERA. A esas que dan esperanzas a todos los hombres que se les acercan y luego les dejan tirados. Son unas...

DOS. *(Apresurándose a interrumpir a la CABRERA para evitar la palabrota).* Y una maravillosa visión improvisamente se les ofreció a los ojos; y fue que por cima de la peña donde se cavaba la sepultura apareció la pastora Marcela, tan hermosa, que pasaba a su fama su hermosura. Los que hasta entonces no la habían visto la miraban con admiración y silencio; y los que ya estaban acostumbrados a verla no quedaron menos suspensos.

64

AMBROSIO. ¿Vienes a ver, por ventura, si con tu presencia vierten sangre las heridas de este miserable a quien tu crueldad quitó la vida?

MARCELA. Hízome el cielo, según vosotros decís, hermosa, y de tal manera, que a que me améis os mueve mi hermosura. Y por el amor que me mostráis queréis que esté yo obligada a amaros. Pero, según yo he oído decir, el verdadero amor no se divide, y ha de ser voluntario, y no forzoso. Yo nací libre, y para poder vivir libre elegí la soledad de los campos. Los árboles de estas montañas son mi compañía, las claras aguas de estos arroyos mis espejos; a los árboles y a las aguas comunico mis pensamientos.

PEDRO. ¡No solo el monte te contempla y te escucha, hechicera!

MARCELA. A los que se han enamorado con la vista les he desengañado con las palabras. Y si los deseos se sustentan con esperanzas, no habiendo yo dado alguna a Grisóstomo, bien se puede decir que antes le mató su porfía que mi crueldad. El cielo aún hasta ahora no ha querido que yo ame por destino, y quien a nadie quiere, a ninguno debe dar celos. El que me llama fiera, déjeme como cosa perjudicial y mala; el que me llama ingrata, no me sirva; el que desconocida, no me conozca; quien cruel, no me siga; que esta fiera, esta ingrata, esta cruel y esta desconocida ni los buscará, servirá, conocerá ni seguirá en ninguna manera. Tienen mis deseos

65

por término estas montañas, y si de aquí salen es a contemplar la hermosura del cielo.

(El discurso de MARCELA no gusta a los CABRE-ROS. Voces airadas y rumores de indignación. Ella se va y varios hacen el intento de seguirla, pero DON QUIJOTE se interpone).

CUATRO-DON QUIJOTE. Ninguna persona se atreva a seguir a la hermosa Marcela, so pena de caer en la furiosa indignación mía. Ella ha mostrado con claras y suficientes razones la poca o ninguna culpa que ha tenido en la muerte de Grisóstomo. Es justo que, en lugar de ser seguida y perseguida, sea honrada y estimada de todos los buenos del mundo.

(Los CABREROS hacen caso omiso e intentan seguir a MARCELA. DON QUIJOTE pelea con todos, con la sola ayuda de SANCHO. Consiguen retenerlos, a cambio de quedar maltrechos).

AMBROSIO. ¿A dónde se ha ido ese monstruo?
CABRERA. Quién sabe. Salta de peña en peña como un demonio. No la alcanzaremos.
AMBROSIO. Maldición…

(Los CABREROS se van en todas direcciones, ya sin ánimo de búsqueda. DON QUIJOTE y SANCHO yacen en el suelo).

CUATRO-DON QUIJOTE. Sancho, amigo…

SIETE-SANCHO. Mi señor…

CUATRO-DON QUIJOTE. Lo hemos conseguido. Hemos salvado el honor de la honesta Marcela…

SIETE-SANCHO. Y, como premio, una tempestad de palos que ha descargado sobre nuestras espaldas. Señor, ya que estas desgracias son de la cosecha de la caballería, dígame vuestra merced si suceden muy a menudo; porque me parece a mí que a dos de ellas quedaremos inútiles para la tercera.

CUATRO-DON QUIJOTE. Las feridas que se reciben en las batallas antes dan honra que la quitan; así que, Panza, amigo, no me repliques más y vámonos de aquí.

ESCENA 6
El dolor de Maritornes

(DON QUIJOTE y SANCHO llegan a la venta-prostíbulo en la que el primero fue armado caballero).

CUATRO-DON QUIJOTE. ¡Sancho! La fortuna nos sonríe: ¡un castillo!

SIETE-SANCHO. ¿Castillo? Mire, señor, yo creo que...

CUATRO-DON QUIJOTE. ¡Castillo, Sancho! Si ves otra cosa, es por obra de aquel hechicero que tengo por enemigo...

SIETE-SANCHO. Está bien, pero yo conozco más de uno que frecuenta castillos como este y no tiene nada de caballero...

(El VENTERO y MARITORNES se asoman y ven venir a DON QUIJOTE y a SANCHO).

VENTERO. ¿Otra vez?

MARITORNES. Algo les ha ocurrido. Casi no se mantienen en pie.

VENTERO. Ese loco va buscando pelea.

MARITORNES. Hay que ayudarles.

VENTERO. Esto no es un hospital.

MARITORNES. Ya no viene solo el caballero. El que le acompaña debe llevarle el dinero.

VENTERO. No quiero líos.

MARITORNES. No podemos dejarles en la calle. Hace mucho frío. Déjame a mí. Por favor.

VENTERO. Sácale todo lo que puedas. Si no, serás tú la que vuelva a pasar frío.

> *(El VENTERO se va. MARITORNES, con la ayuda de algunas otras mujeres, se lleva a DON QUIJOTE y a SANCHO a unas camas desvencijadas. Allí les curan las heridas. Es tal su cuidado que DON QUIJOTE empieza a ver a MARITORNES con otros ojos).*

CUATRO-DON QUIJOTE. *(A MARITORNES)*. Creedme, fermosa señora, que os podéis llamar venturosa por haber alojado en este vuestro castillo a mi persona. Solo os digo que tendré eternamente escrito en mi memoria el servicio que me habedes fecho, para agradecéroslo mientras la vida me durare.

MARITORNES. *(Extrañada)*. Gracias…

DOS. Don Quijote se imaginó haber llegado a un famoso castillo y que la hija del señor se había enamorado de él. Y que le había prometido que aquella noche vendría a yacer con él. Entonces se comenzó a acuitar y a pensar en el peligroso trance en que su honestidad había de ver, y propuso en su corazón no cometer alevosía a su señora Dulcinea del Toboso.

(MARITORNES se va y apaga la luz. Los personajes están ahora en la oscuridad y no ven nada, pero los actores son visibles para el público. SANCHO se pone enseguida a roncar. Entra un ARRIERO, que se acuesta en una cama cercana a la de DON QUIJOTE. Siguiendo el relato de DOS, se interpreta todo lo que sucede en la oscuridad explotando todo su potencial cómico, como en un número de clowns o una secuencia de cine mudo).

DOS. Un arriero que allí se alojaba había concertado aquella noche que Maritornes y él se refocilarían juntos.

CINCO. ¿«Refocilarían»?

DOS. Sí, eso dice… ¿Hace falta que te lo explique?

CINCO. Mejor que no…

DOS. Maritornes le prometió que le iría a buscar y satisfacerle el gusto en cuanto le mandase. Cuando llegó la noche, entró en el aposento donde los tres se alojaban en busca del arriero. Pero apenas llegó a la puerta, don Quijote la sintió y, sentándose en la cama, tendió los brazos para recibir a su fermosa doncella. Maritornes, que iba con las manos delante buscando a su querido, topó con los brazos de don

Quijote, el cual la asió fuertemente de una muñeca y, tirándola hacia sí, sin que ella osase hablar palabra, la hizo sentar sobre la cama. Los cabellos, que en alguna manera tiraban a crines, él los marcó por hebras de lucidísimo oro de Arabia, cuyo resplandor al del mismo sol oscurecía. Y el aliento, que, sin duda alguna, olía a ensalada fiambre y trasnochada, a él le pareció que arrojaba de su boca un olor suave y aromático. Le parecía que tenía en sus brazos a la diosa de la hermosura.

CUATRO-DON QUIJOTE. Si no fuera por la prometida fe que tengo dada a la sin par Dulcinea del Toboso, no dejara pasar la venturosa ocasión en que vuestra gran bondad me ha puesto.

DOS. Maritornes estaba congojadísima de verse tan asida de don Quijote y, sin entender ni estar atenta a las razones que le decía, procuraba, sin hablar palabra, desasirse. El celoso arriero, a quien tenían despierto sus malos deseos, estuvo atentamente escuchando todo lo que don Quijote decía. No podía entender sus razones, pero, como vio que la moza forcejeaba por desasirse y don Quijote trabajaba por tenerla, enarboló el brazo en alto y descargó una terrible puñada y, no contento con esto, se le subió encima de las costillas y se las paseó todas de cabo a cabo. El lecho, que era un poco endeble, dio consigo en el suelo, a cuyo gran ruido despertó el ventero, que se levantó y se fue hacia donde había

71

sentido la pelea. La moza, viendo que su amo venía, se acogió a la cama de Sancho Panza, que aún dormía, y allí se acurrucó y se hizo un ovillo.

(Entra el VENTERO).

VENTERO. ¿A dónde estás, puta?

DOS. En esto despertó Sancho, y, sintiendo aquel bulto casi encima de sí, pensó que tenía una pesadilla, y comenzó a dar puñadas a una y otra parte. Alcanzó con no sé cuántas a Maritornes, la cual, sentida del dolor, dio el retorno a Sancho, el cual, viéndose tratar de aquella manera, y sin saber de quién, alzándose como pudo, se abrazó con Maritornes, y comenzaron entre los dos la más reñida y graciosa escaramuza del mundo. Viendo, pues, el arriero, a la lumbre del candil del ventero, dónde andaba su dama, acudió a darle el socorro necesario. Lo mismo hizo el ventero, pero con intención diferente, porque fue a castigar a la moza, creyendo, sin duda, que ella sola era la ocasión de toda aquella armonía. Y así daba el arriero a Sancho, Sancho a la moza, la moza a él, el ventero a la moza, y fue lo bueno que al ventero se le apagó el candil, y, como quedaron a oscuras, dábanse tan sin compasión todos a bulto, que a doquiera que ponían la mano no dejaran cosa sana. Alojaba acaso aquella noche en la venta un cuadrillero de los que llaman de la

Santa Hermandad, el cual, oyendo asimismo el extraño estruendo de la pelea, entró a oscuras en el aposento.

CUADRILLERO. ¡Ténganse a la justicia! ¡Ténganse a la Santa Hermandad!

DOS. Y el primero con quien topó fue con don Quijote, que estaba tendido boca arriba, sin sentido alguno. Viendo que no se bullía ni meneaba, se dio a entender que estaba muerto.

CUADRILLERO. ¡Ciérrese la puerta de la venta! ¡Miren no se vaya nadie, que han muerto aquí a un hombre!

(Se para la pelea. DON QUIJOTE y SANCHO tratan de ayudarse el uno al otro a levantarse. Los demás salen de sus personajes y se ríen a carcajadas. Todos menos MARITORNES).

MARITORNES. ¡Eh! ¡Parad! A mí esto que ha pasado no me hace ninguna gracia.

CINCO. Bueno, si os hubiera dolido de verdad, no nos reiríamos. Pero esto es solo teatro…

MARITORNES. No hablo como actriz, sino como Maritornes. Antes de salir del personaje, quiero decir algo: aquí el señor narrador se ha saltado algo muy importante sobre mí…

DOS. ¿El qué?

MARITORNES. Busca, busca…

Dos. No sé…

(MARITORNES *se le acerca*).

MARITORNES. Por aquí…

Dos. «Decía ella que desgracias y malos sucesos la habían traído a aquel estado».

CUATRO-DON QUIJOTE. ¿A qué estado?

SIETE-SANCHO. Mi señor, me parece que esta doncella en realidad es…

CUATRO-DON QUIJOTE. La hija del señor de este castillo. Una princesa sin igual en belleza y honestidad.

MARITORNES. Yo y otras que hemos llegado a «aquel estado» solo somos princesas en vuestras sucias lenguas. Recibimos golpes como estos, y cosas peores, mucho más a menudo de lo que pensáis.

CINCO. No lo ignoramos, pero también sabemos que esto es solo una novela, y que con esta escena tan disparatada su autor pretendía hacernos reír.

MARITORNES. Sí, pero al mismo tiempo se acordó de la verdad oscura y desgraciada de las de nuestro oficio.

CUATRO-DON QUIJOTE. Nada oscuro puede haber detrás de esos ojos.

MARITORNES. Tú tampoco eres el caballero apuesto al que supones que yo quiero visitar por la noche. No eres más que un hombre, como todos los que aquí vienen para satisfacer lo que llaman «fantasías», que no son sino sus asquerosos deseos…

CUATRO-DON QUIJOTE. Yo sé quién soy. Y tú también sabes quién eres.

MARITORNES. Procuro no pensar en quién soy. O en quién fui. Prefiero cerrar los ojos y soñar que soy otra. Bien mirado, tú y yo no somos tan diferentes.

CUATRO-DON QUIJOTE. Algún hechicero o gigante ha debido haceros daño. Estoy a vuestro servicio para vengaros.

MARITORNES. Muchas gracias.

(Todos vuelven a sus posiciones. Entra el VENTERO. MARITORNES se esconde, atemorizada).

CUATRO-DON QUIJOTE. Muchas y muy grandes son las mercedes, señor alcaide, que en este vuestro castillo he recibido, y quedo obligadísimo a agradecéroslas todos los días de mi vida. Os las puedo pagar en vengaros de algún soberbio que os haya hecho algún agravio.

VENTERO. Señor caballero, yo no tengo necesidad de que vuestra merced me vengue ningún agravio, porque *(mirando a MARITORNES)* yo sé tomar la venganza que me parece. Solo he menester que vuestra merced me pague el gasto que esta noche ha hecho en la venta.

CUATRO-DON QUIJOTE. Luego ¿venta es esta?

75

VENTERO. Y muy honrada.

CUATRO-DON QUIJOTE. Engañado he vivido hasta aquí, que en verdad que pensé que era castillo, y no malo; pero, pues es así, lo que se podrá hacer por ahora es que perdonéis la paga...

SIETE-SANCHO. Mi señor...

(SANCHO le tira de la manga a DON QUIJOTE, temblando ante la que se avecina y comprobando cómo la ira del VENTERO crece a medida que DON QUIJOTE despliega su discurso. DON QUIJOTE levanta tanto la voz que aparecen por ahí algunos hombres, seguramente clientes de la venta, algunos todavía a medio vestir. Al contrario que al VENTERO, parece que las palabras de DON QUIJOTE les divierten).

CUATRO-DON QUIJOTE. Que yo no puedo contravenir a la orden de los caballeros andantes, de los cuales sé que jamás pagaron posada ni otra cosa en venta donde estuviesen, por el insufrible trabajo que padecen buscando las aventuras de noche y de día, en invierno y en verano, a pie y a caballo, con sed y con hambre, con calor y con frío, sujetos a todas las inclemencias del cielo y a todos los incómodos de la tierra.

VENTERO. Págueseme lo que se me debe y dejémonos de cuentos ni de caballerías.

CUATRO-DON QUIJOTE. Vos sois un sandio y mal hostalero.

(DON QUIJOTE agarra su bicicleta y se marcha antes de que el VENTERO pueda reaccionar. Este se dirige entonces a SANCHO y le agarra con fuerza del cuello).

SIETE-SANCHO. Si mi señor no ha querido pagar, tampoco pagaré yo. A los escuderos de caballeros andantes les aplican las reglas de sus señores.

(El VENTERO empuja a SANCHO y lo tira al suelo. Los clientes de la venta extienden una de las mantas de las camas y tumban en ella a SANCHO. Empiezan a mantearlo con aire festivo y burlón. Finalmente, le abandonan. DON QUIJOTE vuelve y le socorre junto a MARITORNES).

ESCENA 7
El indescriptible yelmo de Mambrino

SIETE. Oye, yo ya no puedo más con el cuerpo de Sancho. Se lo entrego a quien lo quiera.

NUEVE. ¡Me lo pido!

(Todos miran a CUATRO).

CUATRO. A mí me gustaría seguir siendo don Quijote...

(Se le echan encima para quitarle el casco. Del tumulto surge OCHO, que monta en la bicicleta de DON QUIJOTE y es seguido por NUEVE).

DOS. En esto, descubrió don Quijote un hombre que traía una cosa que relumbraba como si fuera de oro. Quiso la suerte que comenzara a llover y para no mojarse se la puso sobre la cabeza.

(Entra el BARBERO. Para protegerse de la lluvia, sujeta sobre la cabeza una bacía de barbero como la que aparece en las ilustraciones tradicionales del Quijote).

OCHO-DON QUIJOTE. Si anoche nos cerró la ventura la puerta de la que buscábamos, ahora nos abre de par en par otra, para otra mejor y más cierta aventura. Hacia nosotros viene uno que trae en su cabeza puesto el yelmo de Mambrino.

NUEVE-SANCHO. Mire vuestra merced bien lo que dice, y mejor lo que hace.

OCHO-DON QUIJOTE. ¿Cómo me puedo engañar en lo que digo? ¿No ves aquel caballero que trae puesto en la cabeza un yelmo de oro?

NUEVE-SANCHO. Lo que yo veo es un hombre que trae sobre la cabeza una cosa que relumbra.

OCHO-DON QUIJOTE. Pues ese es el yelmo de Mambrino. Apártate a una parte y déjame con él a solas: verás que, sin hablar palabra, concluyo esta aventura y queda por mío el yelmo que tanto he deseado. ¡Defiéndete, cautiva criatura, o entrégame de tu voluntad lo que con tanta razón se me debe!

(DON QUIJOTE se abalanza sobre el BARBERO, que sale corriendo y deja caer su bacía. Cuando está seguro de que ya se ha ido, SANCHO recoge la bacía y se la entrega a DON QUIJOTE. Este consigue encajársela en la cabeza con mucha dificultad. Viéndole con la bacía en la cabeza, a SANCHO le viene una carcajada, que intenta contener con todas sus fuerzas).

79

OCHO-DON QUIJOTE. ¿De qué te ríes, Sancho?

NUEVE-SANCHO. De nada, señor. *(Pero apenas contiene la risa).*

DIEZ. *(A DOS).* Oye, ¿de qué se ríe?

DOS. ¿Qué?

DIEZ. ¿Por qué se ríe Sancho? Es el sombrero de don Quijote. Lo conoce todo el mundo. Es el famoso sombrero del Caballero de la Triste Figura.

NUEVE-SANCHO. *(A DIEZ, al oído, intentando torpemente que DON QUIJOTE no le oiga).* Es que no es un yelmo: es una bacía de barbero.

DIEZ. *(En voz muy alta, lo que hace enfadar a DON QUIJOTE y asustar a SANCHO, que ya teme la ira de su amo).* ¿¿¿Una bacía de barbero???

OCHO-DON QUIJOTE. Mira, Sancho, te juro que tienes el más corto entendimiento que tiene ni tuvo escudero en el mundo. Andan entre nosotros siempre una caterva de encantadores que truecan todas nuestras cosas según tienen la gana de favorecernos o destruirnos; y así, eso que a ti te parece bacía de barbero me parece a mí el yelmo de Mambrino, y a otro le parecerá otra cosa.

DIEZ. Pero… ¿qué demonios es una bacía de barbero?

DOS. Es una especie de palangana que usaban los barberos para remojar las barbas de sus clientes antes de afeitarlos. En esa parte cortada…

DIEZ. ¿Eso que parece un mordisco en una galleta?

DOS. Eso. Ahí se ponía el cuello.

80

DIEZ. Pues yo lo que veo es el sombrero de don Quijote. *(A todos los demás. Incluso al público).* Vosotros también, ¿a que sí? *(Salen varios actores y asienten).* Lo hemos visto toda la vida en ilustraciones, en monumentos, en dibujos animados… Así que no entiendo de qué se ríe Sancho.

NUEVE-SANCHO. Ahora verás.

(NUEVE-SANCHO se acerca a DOS y le habla al oído. Esta vez no se le oye. DOS se sonríe y, con un gesto hacia fuera de escena, manda volver al BARBERO).

BARBERO. ¿Yo?

DOS. Sí, ven aquí.

(Mirando con recelo a DON QUIJOTE, entra el BARBERO, que escucha lo que DOS le dice al oído. Vuelve a salir de escena. Al mismo tiempo, SANCHO le quita a DON QUIJOTE la bacía y se la entrega a DOS, que la esconde. DON QUIJOTE está tan desconcertado que no sabe cómo reaccionar).

DOS. Vamos allá. Retrocedamos unos minutos. En esto, descubrió don Quijote un hombre que traía… una… bolsa de plástico de supermercado. Quiso la suerte que comenzara a llover y para no mojarse se la puso sobre la cabeza.

(Entra, en efecto, el BARBERO con una bolsa de plástico en la cabeza. DON QUIJOTE reacciona como si acabara de entender en qué consiste el juego. Con movimientos exactamente iguales a los de antes, se abalanza sobre el BARBERO).

OCHO-DON QUIJOTE. ¡Defiéndete, cautiva criatura, o entrégame de tu voluntad lo que con tanta razón se me debe!

(Exactamente igual que antes, el BARBERO sale huyendo y deja la bolsa donde antes la bacía. SANCHO la recupera y se la entrega a su amo, que se la pone en la cabeza y mira hacia delante con mucha dignidad, lo que provoca ahora la carcajada no solo de SANCHO, sino de todos, salvo del BARBERO, que está ausente. Sin embargo, DON QUIJOTE retoma el camino con tal seguridad que hace callar a todo el mundo. El último en callarse sería SANCHO, pero una mirada certera de su amo lo enmudece. En ese momento entra el BARBERO de nuevo, acompañado de dos ALGUACILES).

BARBERO. ¡Ah, don ladrón, que aquí os tengo! ¡Venga mi bacía, ladrón salteador de caminos!

(El BARBERO intenta robarle la bolsa a DON QUIJOTE, pero SANCHO se interpone y se pelean).

NUEVE-SANCHO. Mentís, que en buena guerra ganó mi señor don Quijote estos despojos.

BARBERO. ¡Aquí del rey y de la justicia!

(El BARBERO y los ALGUACILES tratan de reducir a SANCHO, que se resiste, hasta que DON QUIJOTE se interpone y deposita la bolsa de supermercado en el suelo. Al hablar alude a la autoridad de los ALGUACILES, pero también a la del público).

OCHO-DON QUIJOTE. Miren vuestras mercedes con qué cara podía decir este escudero que esta es bacía, y no el yelmo que yo he dicho; y juro por la orden de caballería que profeso que este yelmo fue el mismo que yo le quité, sin haber añadido ni quitado cosa alguna en él.

BARBERO. ¿Qué les parece a vuestras mercedes, señores, lo que afirman estos gentiles hombres, pues aún porfían que esta no es bacía, sino yelmo?

OCHO-DON QUIJOTE. Y quien lo contrario dijere, le haré yo conocer que miente.

DOS. ¿Hay aquí presente algún otro barbero que pueda aclarar si es bacía o es yelmo?

OTRO BARBERO. ¡Yo!

DOS. Adelante…

(Todos le miran sorprendidos y expectantes. Él aprovecha el interés y se hace esperar).

83

OTRO BARBERO. Señor barbero, sabed que yo también soy de vuestro oficio, y conozco muy bien todos los instrumentos de la barbería; y fui un tiempo en mi mocedad soldado, y sé también qué es yelmo; y digo… que esta pieza que está aquí delante y que este buen señor tiene en las manos no solo no es bacía de barbero, sino que está tan lejos de serlo como está lo blanco de lo negro y la verdad de la mentira. Digo que esto es un yelmo.

(Entran todos los actores disponibles, cada uno con una bolsa de plástico en la cabeza desfilando por el escenario como si se tratara de un pase de modelos. Como tales se contonean al ritmo de la música habitual en las pasarelas).

OTRO BARBERO. *(Como si fuera el locutor de un desfile de moda).* El yelmo de Mambrino es un complemento imprescindible para ti. Es el nuevo *must,* un básico, un detalle especial que te hace único y exclusivo y que no puede faltar en tu *outfit.*

BARBERO. ¡Válgame Dios! ¿Es posible que tanta gente honrada diga que esta no es bacía, sino yelmo? ¡Basta!

TODOS. *(Agitando sus bolsas).* ¡Yelmo de Mambrino! ¡Yelmo de Mambrino! ¡Yelmo de Mambrino! *(Al BARBERO).* ¡Póntelo! ¡Póntelo! ¡Póntelo!

(Apabullado por la multitud, el BARBERO se pone la bolsa de nuevo en la cabeza. Todos simulan admirar su belleza, lo que él rechaza con firmeza menguante. La multitud, por medio de gestos, convence finalmente al propio BARBERO de que la bolsa es un complemento imprescindible y… carísimo, por lo que él, encantado con su nuevo atavío, acaba sacando su cartera y pagando un montón de billetes por lo que antes le pertenecía y solo le había costado unos céntimos. Culminada la compra, se va, muy contento con la extraña adquisición. Los demás se marchan no menos felices, dejando solos a DON QUIJOTE y a SANCHO).

NUEVE-SANCHO. *(Desconcertado)*. Señor…, ¿qué le parece lo que hemos presenciado?

OCHO-DON QUIJOTE. Por Dios, que son tantas y tan extrañas las cosas que me han sucedido que no me atrevo a decir afirmativamente ninguna cosa porque imagino que cuanto se trata va por vía de encantamento. Lo dejo al buen parecer de vuestras mercedes.

(OCHO-DON QUIJOTE recupera la bacía que guardaba DOS y se la pone como sombrero).

ESCENA 8
Clavileño y las dudosas barbas de Candaya

(OCHO-DON QUIJOTE y NUEVE-SANCHO continúan su camino).

DOS. Sucedió, pues, que otro día, por los caminos de Aragón, tendió don Quijote la vista por un verde prado y vio cazadores de altanería. Entre ellos, una gallarda señora que en la mano izquierda traía un azor.

(Quien entra es una actriz, vestida con ropa cara y que conduce con altivez un patinete reluciente. El azor puede ser de peluche o bien algún complemento llamativo de su ropa).

OCHO-DON QUIJOTE. Corre, hijo Sancho, y di a aquella señora que beso las manos a su gran fermosura, y que, si su grandeza me da licencia, iré a servirla en cuanto mis fuerzas pudieren y su alteza me mandare.

(SANCHO se acerca a la mujer, luego conocida como la DUQUESA. Antes de que pueda abrir la

86

boca, la DUQUESA *se dirige a él con los ojos fijos en* DON QUIJOTE*).*

DUQUESA. Decidme, hermano escudero: este vuestro señor, ¿no es uno de quien anda impresa una historia que se llama *El ingenioso hidalgo don Quijote de la Mancha*, y que tiene por señora de su alma a una tal Dulcinea del Toboso?

*(*SANCHO *se queda de piedra. Mira a* DOS*, que se encoge de hombros).*

NUEVE-SANCHO. El mismo es, señora, y aquel escudero suyo que anda, o debe de andar, en la tal historia, a quien llaman Sancho Panza, soy yo.

DUQUESA. Id, hermano Panza, y decid a vuestro señor que sea bien venido a mis estados, y que ninguna cosa me pudiera venir que más contento me diera.

*(*SANCHO *acude a donde está su amo, y le explica lo sucedido sin que podamos oír sus palabras. Al mismo tiempo, y mientras narra* DOS*, aparece también el* DUQUE*, con un aspecto equivalente al de la* DUQUESA*; hablan también entre ellos sin emitir sonido. Entran también todos los* CAZADO-RES*. Cada uno de ellos lleva consigo una edición de la primera parte del* Quijote *cuya lectura les*

provoca la risa. Mientras DOS *narra, el escenario se llena de lectores del* Quijote*).*

DOS. La duquesa y el duque, por haber leído la primera parte de esta historia y haber entendido por ella el disparatado humor de don Quijote, con grandísimo gusto y con deseo de conocerle le atendían, con intención de tratarle como a caballero andante los días que con ellos se detuviese.

*(*DON QUIJOTE *y* SANCHO *se deciden al fin a acercarse al* DUQUE *y a la* DUQUESA, *para lo que se ven obligados a sortear a todos los* CAZADORES-*lectores que se les interponen. Según van pasando caballero y escudero, los lectores levantan su vista del libro y se susurran unos a otros la noticia de que los protagonistas de sus páginas caminan entre ellos).*

OCHO-DON QUIJOTE. Valeroso príncipe, siempre estaré al servicio vuestro y al de mi señora la duquesa, digna consorte vuestra, y digna señora de la hermosura y universal princesa de la cortesía.

DUQUE. Venga el gran Caballero de la Triste Figura a un castillo mío que está aquí cerca, donde se le hará el recibimiento que yo y la duquesa solemos hacer a todos los caballeros andantes que a él llegan.

(Antes de que puedan responder, los CAZADORES que acompañaban al DUQUE y a la DUQUESA atrapan a DON QUIJOTE y a SANCHO en sus redes y se los llevan al castillo. Les llevan entre sonrisas, pero sin pedir permiso; les adornan con vestimentas aparentemente ensalzadoras pero un tanto ridículas, mientras el DUQUE y la DUQUESA miran satisfechos ocultando apenas su risa. En ese momento entra el ECLESIÁSTICO, un hombre de aspecto serio, consejero o contable del duque, que lleva, quizá, un periódico de negocios en la mano. Con unos bufidos expulsa a todos los CAZADORES para quedarse a solas con el DUQUE y la DUQUESA y lejos de los oídos de DON QUIJOTE y SANCHO).

ECLESIÁSTICO. *(Al DUQUE)*. Vuestra Excelencia... Este don Quijote, o don Tonto, o como se llame, imagino yo que no debe de ser tan mentecato como Vuestra Excelencia quiere que sea dándole ocasiones para que lleve adelante sus sandeces y vaciedades.

DUQUESA. *(Interponiéndose. Al ECLESIÁSTICO, en voz baja)*. Vamos, no nos estropees la fiesta. Te aseguro que estos dos nunca vivirán nada mejor que lo que les espera en este castillo.

(El ECLESIÁSTICO, en contra de los deseos del DUQUE y la DUQUESA, se revuelve y se dirige a DON QUIJOTE).

ECLESIÁSTICO. Y a vos, alma de cántaro, ¿quién os ha encajado en el celebro que sois caballero andante y que vencéis gigantes y prendéis malandrines? Volveos a vuestra casa y dejad de andar vagando por el mundo, dando que reír a cuantos os conocen y no conocen.

(DON QUIJOTE *se contiene para no arremeter contra el* ECLESIÁSTICO).

OCHO-DON QUIJOTE. ¿Por cuál de las mentecaterías que en mí ha visto me condena? ¿Por ventura es tiempo mal gastado vagar por el mundo, no buscando sus regalos, sino sus asperezas? Yo, inclinado de mi estrella, voy por la angosta senda de la caballería andante, por cuyo ejercicio desprecio la hacienda, pero no la honra. Yo he satisfecho agravios, enderezado tuertos, castigado insolencias, vencido gigantes. Mis intenciones siempre las enderezo a buenos fines, que son de hacer bien a todos y mal a ninguno; si el que esto obra merece ser llamado bobo, díganlo vuestras grandezas, duque y duquesa excelentes.

NUEVE-SANCHO. ¡Bien, por Dios! No hay más que decir, ni más que pensar, ni más que perseverar en el mundo.

ECLESIÁSTICO. ¿Por ventura sois vos, hermano, aquel Sancho Panza que dicen, a quien vuestro amo tiene prometida una ínsula?

NUEVE-SANCHO. Sí soy; y soy quien la merece tan bien como otro cualquiera. Yo me he arrimado a buen señor, y ha muchos meses que ando en su compañía, y viva él y viva yo: que ni a él le faltarán imperios que mandar ni a mí ínsulas que gobernar.

DUQUE. Por cierto, Sancho amigo, que yo… *(haciendo una pausa, y con cierta rimbombancia, comprobando el efecto que sus palabras tendrán tanto en SANCHO y DON QUIJOTE como en el ECLESIÁSTICO)*, en nombre del señor don Quijote, os mando el gobierno de una ínsula.

OCHO-DON QUIJOTE. Híncate de rodillas, Sancho, y besa los pies a Su Excelencia por la merced que te ha hecho.

(SANCHO, tan entusiasmado como sorprendido, hace lo que su amo le pide. El ECLESIÁSTICO, en cambio, entra en cólera).

ECLESIÁSTICO. Estoy por decir que es tan sandio Vuestra Excelencia como estos pecadores. Quédese con ellos; que, en tanto que estuvieren en casa, me estaré yo en la mía.

(El ECLESIÁSTICO se va, ante la mirada satisfecha del DUQUE y la DUQUESA, que se ven libres para iniciar sus bromas. De repente, quizá atendiendo una discreta seña del DUQUE, entra TRIFALDÍN,

escudero dotado de una larguísima barba blanca. Al DUQUE, pero haciéndose oír por todos).

TRIFALDÍN. Altísimo y poderoso señor, a mí me llaman Trifaldín el de la Barba Blanca; soy escudero de la condesa Trifaldi, por otro nombre llamada la Dueña Dolorida, que quiere saber si está en este vuestro castillo el valeroso y jamás vencido caballero don Quijote de la Mancha, en cuya busca viene a pie desde el reino de Candaya hasta este vuestro estado. Ella queda a la puerta de esta fortaleza y aguarda vuestro beneplácito para entrar.

DUQUE. Bien podéis, estupendo escudero, decirle que entre y que aquí está el valiente caballero don Quijote de la Mancha.

(TRIFALDÍN se va a buscar a su señora).

OCHO-DON QUIJOTE. Quisiera yo, señor duque, que estuviera aquí presente aquel bendito que mostró tener tan mal talante y tan mala ojeriza contra los caballeros andantes, para que viera por vista de ojos si los tales caballeros son necesarios en el mundo.

(El DUQUE y la DUQUESA se miran satisfechos al escuchar el comentario de DON QUIJOTE. Enseguida entra la condesa TRIFALDI, con la cara cubierta con un velo, al igual que el SÉQUITO de

mujeres que la acompañan, que pueden ser interpretadas por quienes encarnaron a los CAZADORES. La CONDESA se arrodilla delante del DUQUE y la DUQUESA, que la ayudan a levantarse. Debe ser interpretada por un varón con la voz especialmente grave).

CONDESA TRIFALDI. Quisiera que me hicieran sabidora si está el acendradísimo caballero don Quijote de la Manchísima y su escuderísimo Panza.

NUEVE-SANCHO. El Panza aquí está, y el don Quijotísimo asimismo; y así, podréis, dolorosísima dueñísima, decir lo que quisieridísimis, que todos estamos prontos y aparejadísimos a ser vuestros servidorísimos.

CONDESA TRIFALDI. Debéis saber que el gigante Malambruno, también hechicero, ha encantado a los reyes de Candaya: a ella la ha convertido en una simia de bronce, y a él en un espantoso cocodrilo de un metal no conocido. Entre los dos hay escritas unas letras: «No cobrarán su primera forma hasta que el valeroso manchego venga conmigo a las manos en singular batalla». Y eso no es todo: Malambruno no solo encantó a los príncipes, sino a todas las mujeres de Candaya.

(En ese momento tanto la CONDESA TRIFALDI como todas sus acompañantes se retiran el velo y dejan ver unas gruesas barbas).

93

NUEVE-SANCHO. Juro, y por el siglo de todos mis pasados los Panzas, que jamás he oído ni visto, ni mi amo me ha contado, ni en su pensamiento ha cabido, semejante aventura como esta. Válgate mil satanases, por no maldecirte por encantador y gigante, Malambruno.

OCHO-DON QUIJOTE. Por mí no quedará. Decidme, señora, qué es lo que tengo de hacer, que el ánimo está muy pronto para serviros.

CONDESA TRIFALDI. Malambruno me dijo que os enviaría un caballo de madera que se rige por una clavija que tiene en la frente y vuela por el aire con tanta ligereza que parece que los mismos diablos le llevan. Este tal caballo, según es tradición antigua, fue compuesto por el sabio Merlín. Malambruno lo tiene en su poder y se sirve de él en sus viajes, que hoy está aquí y mañana en Francia y otro día en Potosí. Y este caballo, si es que Malambruno quiere dar fin a nuestra desgracia, antes que sea media hora estará en nuestra presencia.

NUEVE-SANCHO. ¿Y cuántos caben en ese caballo?

CONDESA TRIFALDI. Dos personas: la una en la silla y la otra en las ancas. El caballo se llama Clavileño, cuyo nombre conviene con ser de leño y con la clavija que trae en la frente.

NUEVE-SANCHO. *Pardiez*, yo no me pienso moler por quitar las barbas a nadie: cada cual se rape como

94

más le viniere a cuento, que yo no pienso acompañar a mi señor en tan largo viaje.

OCHO-DON QUIJOTE. Sancho hará lo que yo le mandare, que yo sé que no habría navaja que con más facilidad rapase a vuestras mercedes como mi espada raparía de los hombros la cabeza de Malambruno.

CONDESA TRIFALDI. ¡Oh, gigante Malambruno, envíanos ya al sin par Clavileño, para que nuestra desdicha se acabe!

(Al instante, entra Clavileño. Puede ser, por ejemplo, un pequeño caballo de juguete, incluso con cuerpo de escoba, en el que a duras penas quepan DON QUIJOTE y SANCHO, o un potro de gimnasio al que se ha adherido una tosca cabeza de caballo).

OCHO-DON QUIJOTE. Subid, Sancho, que la gloria de haber emprendido esta hazaña no la podrá oscurecer malicia alguna.

CONDESA TRIFALDI. Porque la altura no les cause váguidos, se han de cubrir los ojos hasta que el caballo relinche, que será señal de haber dado fin a su viaje.

(DON QUIJOTE y SANCHO se suben al caballo. Se nota que SANCHO está incómodo y tiene miedo. Se dejan cubrir los ojos. En principio, con

tela o antifaces, pero bien podría ser con gafas de realidad virtual. Las damas que acompañaban a TRIFALDI y ella misma se van, o bien se quitan sus vestidos y vuelven a los de CAZADORES, resultando irreconocibles. Con diversos artilugios, TRIFALDI y su SÉQUITO van creando efectos de viento, calor y frío en torno a Clavileño).

CONDESA TRIFALDI Y SU SÉQUITO. ¡Dios te guíe, valeroso caballero! ¡Dios sea contigo, escudero intrépido! ¡Ya, ya vais por esos aires, rompiéndolos con más velocidad que una saeta! ¡Tente, valeroso Sancho, que te bamboleas!

NUEVE-SANCHO. *(Arrimándose bien a DON QUIJOTE para no caerse).* Señor, ¿cómo dicen que vamos tan altos, si parece que están aquí hablando junto a nosotros?

OCHO-DON QUIJOTE. No me aprietes tanto, que me derribas; y en verdad que no sé de qué te espantas, que juro que en todos los días de mi vida he subido en cabalgadura de paso más llano: parece que no nos movemos. Destierra, amigo, el miedo, que, en efecto, la cosa va como ha de ir y el viento llevamos en popa.

NUEVE-SANCHO. Así es la verdad, que por este lado me da un viento tan recio que parece que con mil fuelles me están soplando.

OCHO-DON QUIJOTE. Sin duda alguna, Sancho, que ya debemos de llegar a la segunda región del

96

aire, adonde se engendran el granizo y las nieves; los truenos, los relámpagos y los rayos se engendran en la tercera región y, si vamos subiendo, presto daremos en la región del fuego, y no sé yo cómo templar esta clavija para que no nos abrasemos.

NUEVE-SANCHO. Que me maten si no estamos ya en el lugar del fuego porque siento que me estoy chamuscando. Señor, estoy por descubrirme y ver en qué parte estamos.

(Causando mucho estrépito, mueven a CLAVILEÑO y hacen caer a DON QUIJOTE y a SANCHO. Se oye un relincho grabado o imitado por algún actor. Al tocar el suelo y escuchar al supuesto animal, se levantan, se descubren y comprueban asombrados que están en el mismo lugar desde el que partieron, aunque alguien ha colocado al lado una lanza con un pergamino. DON QUIJOTE lo agarra y lo lee).

OCHO-DON QUIJOTE. «El ínclito caballero don Quijote de la Mancha acabó la aventura de la condesa Trifaldi y compañía, con solo intentarla. Malambruno se da por satisfecho, y las barbas de las dueñas ya quedan lisas y mondas, y los reyes en su prístino estado». *(Al DUQUE y la DUQUESA).* Me gustaría ver a la condesa Trifaldi y a sus damas.

DUQUESA. Han desaparecido como por encantamiento. Pero pude ver con mis propios ojos cómo se les desvanecían las barbas. *(Ante el desconcierto de DON QUIJOTE, la DUQUESA se dirige a SANCHO).* Sancho, ¿y a vuestra merced cómo le ha ido en tan largo viaje?

NUEVE-SANCHO. Yo, señora, sentí que íbamos, según mi señor me dijo, volando por la región del fuego, y quise descubrirme un poco los ojos. Sin que nadie lo viese, aparté el pañizuelo que me tapaba los ojos, y por allí miré hacia la tierra, y me pareció que toda ella no era mayor que un grano de mostaza. Los hombres que andaban sobre ella, poco mayores que avellanas. Y sucedió que íbamos por donde están las siete cabrillas...

DUQUESA. ¡La constelación de las Pléyades!

NUEVE-SANCHO. Esa misma. Pues, así como las vi, ¡me dio una gana de entretenerme con ellas un rato...! Y sin decir nada a nadie, ni a mi señor tampoco, me apeé de Clavileño y me entretuve con las cabrillas casi tres cuartos de hora. Clavileño no se movió.

DUQUE. Y, en tanto que el buen Sancho se entretenía con las cabras, ¿en qué se entretenía el señor don Quijote?

OCHO-DON QUIJOTE. De mí sé decir que ni vi el cielo ni la tierra, ni la mar ni las arenas. Y no podríamos haber llegado al cielo donde están las siete cabrillas sin abrasarnos. Así que o Sancho miente o Sancho sueña.

NUEVE-SANCHO. Ni miento ni sueño.

OCHO-DON QUIJOTE. Sancho, pues vos queréis que se os crea lo que habéis visto en el cielo, yo quiero que vos me creáis a mí. Y no os digo más.

NUEVE. Oye, ¿qué está pasando?

DOS. ¿Qué?

NUEVE. Se supone que es don Quijote quien se inventa lo que ve, y Sancho el que se lo niega. Y ahora, en cambio…

OCHO. *(Quitándose la vestimenta de DON QUIJOTE).* A mí no me extraña.

NUEVE. ¿No?

OCHO. Don Quijote quiere convertir las tierras ásperas de la Mancha en los reinos prodigiosos de los caballeros. Pero si son otros los que le tapan los ojos… Si son otros los que le imponen una realidad virtual… A lo mejor empieza a interesarse por aquellas cosas feas que le están ocultando. No sé. Creo que dejo el personaje. Tengo mucho en lo que pensar. *(A NUEVE).* ¿Te vienes?

NUEVE. ¡Pero ahora me tocaba gobernar la ínsula! ¡Yo me quedo con Sancho!

DIEZ. ¡De eso nada!

SEIS. ¡Quedan dos escenas y nosotros todavía no hemos hecho de don Quijote ni de Sancho!

(SEIS se viste ya con los atributos de DON QUIJOTE. DIEZ se impacienta).

99

NUEVE. Está bien… *(Le entrega las cosas de SANCHO a DIEZ. A OCHO, que ya se iba de escena).* ¡Eh, espérame!

ESCENA 9
Cómo gobernar una ínsula sin probar bocado

Dos. Con el felice y gracioso suceso de la aventura de la Dolorida, quedaron tan contentos los duques que determinaron pasar con las burlas adelante. Así, dijo el duque a Sancho que se compusiese para ir a ser gobernador, que ya sus insulanos le estaban esperando como el agua de mayo.

Diez-Sancho. Venga esa ínsula, que yo pugnaré por ser tal gobernador que me vaya al cielo. Y esto no es por codicia que yo tenga de salir de mis casillas, sino por el deseo que tengo de probar a qué sabe el ser gobernador.

Seis-Don Quijote. Infinitas gracias doy al cielo, Sancho amigo, de que, antes de que yo haya encontrado alguna buena dicha, te haya salido a ti a encontrar la buena ventura. Otros importunan, solicitan, ruegan, y no alcanzan lo que pretenden; y tú, sin madrugar ni trasnochar, con solo el aliento que te ha tocado de la andante caballería, sin más ni más te ves gobernador de una ínsula. Todo esto digo, ¡oh, Sancho!, para que no atribuyas a tus merecimientos la merced recibida, sino que des

101

gracias al cielo. Has de poner los ojos en quién eres, procurando conocerte a ti mismo, que es el más difícil conocimiento que puede imaginarse.

DUQUE. Aquí llega mi mayordomo, que os conducirá a la ínsula que vais a gobernar.

(El MAYORDOMO entra y se queda esperando. Es el mismo actor que interpretó a la CONDE-SA TRIFALDI. A propósito de su aparición, DON QUIJOTE y SANCHO cuchichean).

DIEZ-SANCHO. (A DON QUIJOTE, en voz baja). Señor, el rostro de este mayordomo del duque es el mismo de la Dolorida.

(DON QUIJOTE mira fijamente, de lejos, al MA-YORDOMO. Su asombro es máximo, pero lo disi-mula y se recompone).

SEIS-DON QUIJOTE. El rostro de la Dolorida es el del mayordomo, pero no por eso el mayordomo es la Dolorida; que, a serlo, implicaría contradicción muy grande, y no es tiempo ahora de hacer estas averiguaciones, que sería entrarnos en intricados laberintos.

DIEZ-SANCHO. Yo callaré, pero no dejaré de andar advertido de aquí adelante, a ver si descubro otra señal que confirme o deshaga mi sospecha.

102

SEIS-DON QUIJOTE. Así lo has de hacer, Sancho, y me darás aviso de todo lo que en este caso descubrieres y de todo aquello que en el gobierno te sucediere.

(El DUQUE, la DUQUESA y DON QUIJOTE se retiran, y el MAYORDOMO acompaña a SANCHO hasta la ínsula. Allí le reciben tal y como detalla DOS en su narración. Mientras tanto, le visten con atributos de gobernante, vara de mando incluida).

DOS. Con todo su acompañamiento llegó Sancho a un lugar de hasta mil vecinos. Le dieron a entender que se llamaba la ínsula Barataria, quizá por lo barato que le había resultado llegar al gobierno. Al llegar a las puertas de la villa, tocaron las campanas y todos los vecinos dieron muestras de general alegría. Luego, con algunas ridículas ceremonias, le entregaron las llaves del pueblo y le admitieron por perpetuo gobernador de la ínsula Barataria.

MAYORDOMO. *(A SANCHO).* Señor gobernador, le hemos preparado un banquete. Y para que lo disfrute con salud, le acompañará el doctor Pedro Recio de Agüero.

(Entra un médico con una varilla, seguido de actores que portan bandejas con manjares suculentos. SANCHO se inclina hacia una, pero, justo cuan-

do va a tomar el alimento, el MÉDICO *señala la bandeja con una varilla y el que la trae se la lleva fuera de escena. La acción se repite varias veces, para creciente desesperación de* SANCHO).

MÉDICO. No se ha de comer, señor gobernador, sino como es uso y costumbre en las otras ínsulas donde hay gobernadores. Yo, señor, soy médico, y estoy asalariado en esta ínsula para serlo de los gobernadores, y miro por su salud mucho más que por la mía, estudiando de noche y de día. Lo principal que hago es asistir a sus comidas y cenas, dejarle comer lo que le conviene y quitarle lo que le ha de hacer daño.

DIEZ-SANCHO. Aquello no me sentará mal.

MÉDICO. *(Tocando con la varilla el plato, que desaparece).* Eso no lo comerá el señor gobernador en tanto que yo tuviere vida.

DIEZ-SANCHO. ¿Por qué?

MÉDICO. Porque así lo manda nuestro maestro Hipócrates, norte y luz de la medicina.

DIEZ-SANCHO. Si eso es así, vea el señor doctor de cuantos manjares hay cuál me hará más provecho y cuál menos daño, y déjeme comer, porque me muero de hambre. Negarme la comida, aunque le pese al señor doctor, antes será quitarme la vida que aumentármela.

MÉDICO. Vuestra merced tiene razón, señor gobernador.

104

(Sin embargo, el MÉDICO le sigue apartando los platos, por lo que SANCHO se enfada).

DIEZ-SANCHO. Señor doctor, quítese, que voto al sol que tome un garrote y que a garrotazos no me ha de quedar médico en toda la ínsula.

(Justo cuando parece que va a agredir al MÉDICO, entra el CARTERO, que viene corriendo).

CARTERO. Correo viene del duque.

(El CARTERO le entrega la carta a SANCHO, que, algo azorado por no saber leer, se la entrega al MAYORDOMO y le pide por señas que la lea).

MAYORDOMO. «A mi noticia ha llegado, señor don Sancho Panza, que unos enemigos míos y de la ínsula la han de dar un asalto furioso. No sé qué noche; conviene velar y estar alerta. Sé también que han entrado en ese lugar cuatro personas disfrazadas para quitaros la vida. Abrid el ojo y no comáis nada que os presentaren. Vuestro amigo, el duque».

DIEZ-SANCHO. *(Al CARTERO).* Responded al duque mi señor y decidle que se cumplirá lo que manda como lo manda. Y por ahora denme un pedazo de pan y cuatro libras de uvas, que en ellas no podrá venir veneno; porque, en efecto, no puedo pasar sin comer.

MAYORDOMO. Se lo llevaría enseguida, señor gobernador, pero hay esperando mucha gente de la ínsula y de otras de los alrededores en espera de que juzgue sus casos.

DIEZ-SANCHO. *(Suspirando, por pura hambre)*. Está bien: que pasen.

(Entra el PREGUNTADOR).

PREGUNTADOR. Señor, un caudaloso río divide dos términos de un mismo señorío. Sobre este río hay un puente, y al otro lado, una horca y una audiencia, en la cual hay cuatro jueces que juzgaban la ley que puso el dueño del señorío: «Si alguno pasare por este puente de una parte a otra, ha de jurar primero adónde y a qué va; y si jurare verdad, déjenle pasar; y si dijere mentira, muera por ello ahorcado en la horca que allí se muestra». Sabida esta ley tan rigurosa, pasan muchos y enseguida en lo que juran se echa de ver que dicen verdad y los jueces los dejan pasar libremente. Pero ha sucedido que un hombre al que tomaban juramento ha dicho que iba a morir en aquella horca. Y ahora los jueces dicen: «Si a este hombre le dejamos pasar libremente, mintió en su juramento y, conforme a la ley, debe morir; y si le ahorcamos, él juró que iba a

106

morir en aquella horca, y, habiendo jurado verdad, por la misma ley debe ser libre». Los jueces siguen dudosos y suspensos, pero han tenido noticia del agudo y elevado entendimiento de vuestra merced. Por eso me enviaron a mí para que nos dé su parecer en tan intricado y dudoso caso.

DIEZ-SANCHO. Digo yo, pues, que aquella parte de este hombre que juró verdad la dejen pasar, y a la que dijo mentira la ahorquen. De esta manera se cumplirá al pie de la letra la condición del pasaje.

PREGUNTADOR. Pero, señor gobernador, será necesario que el tal hombre se divida en partes, en mentirosa y verdadera; y si se divide, por fuerza ha de morir.

DIEZ-SANCHO. Siendo esto así, como lo es, soy de parecer que digáis a esos señores que le dejen pasar libremente, que se me vino a la memoria un precepto, entre otros muchos que me dio mi amo don Quijote: que cuando la justicia estuviese en duda me acogiese a la misericordia.

PREGUNTADOR. Muchas gracias, señor gobernador.

DIEZ-SANCHO. Y ahora, lluevan casos y dudas sobre mí, que yo las despabilaré en el aire.

(Entra una VENDEDORA DE AVELLANAS).

MAYORDOMO. Esta tendera del mercado de la plaza dice vender avellanas nuevas, pero sabemos que las ha mezclado con avellanas viejas, vanas y podridas.

107

DIEZ-SANCHO. Pues entreguen todas a los niños del orfanato, que las sabrán bien distinguir, y senténcienla a que por quince días no entre en la plaza.

(Entra un FALSO MANCO pedigüeño).

MAYORDOMO. Este hombre finge no saber andar para pedir limosna, pero sus piernas le funcionan.

DIEZ-SANCHO. Pues crearemos un alguacil de pobres, no para perseguirlos, sino para examinar si lo son, porque a la sombra de la manquedad fingida y de la llaga falsa andan los brazos ladrones y la salud borracha.

(Entra el morisco RICOTE).

MAYORDOMO. Este tal Ricote es un morisco de los expulsados por Su Majestad, que ha entrado como clandestino en España, pero dice que solo de paso.

RICOTE. (Sorprendido al ver a SANCHO como gobernador). ¿Cómo? ¿Es posible, Sancho Panza, hermano, que no conozcas a tu vecino Ricote el morisco, tendero de tu lugar?

DIEZ-SANCHO. ¿Quién diablos te había de conocer, Ricote, con esas ropas tan extrañas? ¿Y cómo tienes atrevimiento de volver a España?

RICOTE. Si tú no me descubres, Sancho, seguro estoy de que en este traje no habrá nadie que me

108

conozca. Bien sabes, ¡oh, Sancho Panza, vecino y amigo mío!, que el bando que Su Majestad mandó publicar contra los de mi nación puso terror y espanto en todos nosotros; a lo menos, a mí me parece que antes del tiempo que se nos concedía para que hiciésemos ausencia de España, ya tenía el rigor de la pena ejecutado en mi persona y en la de mis hijos. Y esto debido a las ruines y disparatadas intenciones que los nuestros tenían, que me parece que fue inspiración divina la que movió a Su Majestad, pues no está bien criar la serpiente en el seno, teniendo los enemigos dentro de casa. Finalmente, con justa razón fuimos castigados con la pena del destierro, blanda y suave al parecer de algunos, pero, al nuestro, la más terrible que se nos podía dar. No hemos conocido el bien hasta que lo hemos perdido. Doquiera que estamos lloramos por España, que, en fin, nacimos en ella y es nuestra patria natural. Porque en ninguna parte hallamos el acogimiento que nuestra desventura desea. En África, donde esperábamos ser recibidos, es donde más nos ofenden y maltratan. Y, sin embargo, el deseo que casi todos tenemos de volver a España es tan grande que muchos se vuelven y dejan allá a sus mujeres y sus hijos desamparados. Yo entré en Francia, pasé a Italia y llegué a Alemania, y allí me pareció que se podía vivir con más libertad, porque en la mayor parte de ella cada uno vive como quiere y con libertad de conciencia. Dejé tomada casa en un pueblo junto a Augusta. Ahora es mi intención, Sancho, sacar el tesoro que dejé enterrado en las afueras de nuestro pueblo, y pasar desde Valencia a Argel, donde están mi hija y mi mujer, y traerlas a algún puerto de Francia, y desde allí llevarlas a Alemania, donde esperaremos lo que Dios quisiere hacer de nosotros.

DIEZ-SANCHO. Conténtate que por mí no serás descubierto, y prosigue en buena hora tu camino. Ese es mi designio como gobernador de esta ínsula.

RICOTE. ¿Ínsula? Calla, Sancho, que las ínsulas están allá dentro de la mar; que no hay ínsulas en la tierra firme. Dios vaya contigo, Sancho hermano, que es hora de que prosiga mi camino.

(RICOTE se va. SANCHO se queda sin palabras. El MAYORDOMO se percata de su asombro y hace una señal hacia fuera de escena. Empieza a oírse un gran alboroto. Entra un hombre).

HOMBRE. ¡Arma, arma, señor gobernador, arma!; que han entrado infinitos enemigos en la ínsula, y somos perdidos si vuestro valor no nos socorre.

(Todos corren de un lado para otro, preparándose para la batalla).

110

DIEZ-SANCHO. ¿Qué sé yo de armas? Estas cosas mejor será dejarlas para mi amo don Quijote.

HOMBRE. Ármese vuestra merced, que aquí le traemos armas ofensivas y defensivas, y salga a esa plaza, y sea nuestra guía y nuestro capitán.

(Los insulanos meten a SANCHO en una supuesta armadura que más parece un enorme caparazón de tortuga, lo que le obliga a moverse con pasitos cortos y ridículos. Como arma le entregan una enorme lanza que apenas acierta a manejar. A los cuatro pasos se cae y no logra levantarse, por muchos esfuerzos que haga. A su lado, los demás van y vienen, fingiendo una gran batalla, que pronto se resuelve).

MAYORDOMO. ¡Victoria, victoria! ¡Los enemigos huyen vencidos! ¡Ea, señor gobernador, levántese vuestra merced y venga a gozar del vencimiento por el valor de ese invencible brazo!

DIEZ-SANCHO. Levántenme. *(Le levantan. Le quitan la armadura. Sin mediar palabra, y muy despacio, SANCHO se quita de encima toda la ropa y objetos que le entregaron cuando tomó posesión del gobierno. La imagen debe producir tanta pena como dignidad).* Abrid camino, señores míos, y dejadme volver a mi antigua libertad; dejadme que vaya a buscar la vida pasada, para que me resucite de esta muerte

111

presente. Yo no nací para ser gobernador, ni para defender ínsulas ni ciudades de los enemigos que quisieren acometerlas. Más quiero hartarme de gazpachos que estar sujeto a la miseria de un médico impertinente que me mate de hambre. Vuestras mercedes se queden con Dios, y digan al duque mi señor que desnudo nací y desnudo me hallo: ni pierdo ni gano; quiero decir, que sin blanca entré en este gobierno y sin ella salgo, bien al revés de como suelen salir los gobernadores de otras ínsulas.

(DIEZ-SANCHO recupera su vieja bicicleta y se va. Los que antes se reían, ahora se miran avergonzados).

ESCENA 10
La lanza del Caballero de la Blanca Luna

DOS. Sancho se reencontró con don Quijote y los dos decidieron abandonar el castillo de los duques para volver a recorrer los campos, esta vez en dirección a Cataluña.

SEIS-DON QUIJOTE. La libertad, Sancho, es uno de los más preciosos dones que a los hombres dieron los cielos; con ella no pueden igualarse los tesoros que encierra la tierra ni el mar encubre. Por la libertad, así como por la honra, se puede y debe aventurar la vida, y, por el contrario, el cautiverio es el mayor mal que puede venir a los hombres. Digo esto, Sancho, porque bien has visto la abundancia que en este castillo que dejamos hemos tenido; pues no la gozaba con la libertad que la gozara si fueran míos; que las obligaciones de los beneficios recibidos son ataduras que no dejan campear al ánimo libre. ¡Venturoso aquel a quien el cielo dio un pedazo de pan, sin que le quede obligación de agradecerlo a otro que al mismo cielo!

DIEZ-SANCHO. Con todo, no es bien que se queden sin agradecimiento de nuestra parte estos doscientos escudos de oro que en una bolsilla me dio el mayordomo del duque…

SEIS-DON QUIJOTE. Sancho…

DIEZ-SANCHO. … que no siempre hemos de hallar castillos donde nos regalen. Tal vez toparemos con algunas ventas donde nos apaleen.

DOS. Don Quijote y Sancho continuaron su camino, que los llevó hasta Barcelona, en cuya costa se detuvieron. Vieron el mar, hasta entonces por ellos no visto. Allí se quedaron unos días, y una mañana, saliendo don Quijote a pasearse por la playa provisto de todas sus armas, vio venir hacia él un caballero, armado asimismo de punta en blanco, que en el escudo traía pintada una luna resplandeciente.

(Entra el CABALLERO DE LA BLANCA LUNA. El estilo de su ropa y cabalgadura –es decir, bicicleta– es muy similar al de DON QUIJOTE, pero nuevo y reluciente. Lleva un casco que le cubre por completo la cabeza y hace imposible su identificación).

CABALLERO DE LA BLANCA LUNA. Insigne caballero y jamás como se debe alabado don Quijote de la Mancha, yo soy el Caballero de la Blanca Luna, cuyas hazañas quizá te habrán venido a la memoria. Vengo a contender contigo y a probar la fuerza de tus brazos, en razón de hacerte confesar que mi dama es más hermosa que tu Dulcinea del Toboso. Si tú confiesas esta verdad, excusarás tu muerte; y si tú peleares y yo te venciere, no quiero otra satisfacción sino que, dejando las armas y absteniéndote de buscar aventuras, te retires a tu lugar por tiempo de un año. Si tú me vencieres, quedará a tu discreción mi cabeza y serán tuyos los despojos de mis armas y caballo, y pasará a la tuya la fama de mis hazañas.

(DON QUIJOTE se queda tan sorprendido que por unos instantes se mantiene en silencio. Luego habla con decisión).

SEIS-DON QUIJOTE. Caballero de la Blanca Luna, yo osaré jurar que jamás habéis visto a la ilustre Dulcinea, porque su vista os desengañara de que no ha habido ni puede haber belleza que con la suya comparar se pueda; y, así, acepto vuestro desafío.

(Siguiendo las palabras de DOS, ambos caballeros se alejan el uno del otro y se miran frente a frente).

DOS. Encomendándose al cielo de todo corazón y a su Dulcinea, hicieron correr a sus caballos. *(Corren el uno contra el otro)*. Como era más ligero el de la Blanca Luna, llegó a don Quijote antes y lo encontró con poderosa fuerza. Aunque sin tocarle con la lanza, que levantó, al parecer, a propósito… *(Justo cuando iba a caer al suelo, DON QUIJOTE para y mira a DOS con sorpresa. El CABALLERO DE LA BLANCA LUNA le hace a DOS un gesto discreto para que se calle. DOS se encoge de hombros. Se reanuda el combate).* Con tan poderosa fuerza, que dio con Rocinante y con don Quijote por el suelo en una peligrosa caída. El caballero fue sobre él y, poniéndole la lanza sobre la visera, le dijo…

CABALLERO DE LA BLANCA LUNA. Vencido sois, y aun muerto, si no confesáis las condiciones de nuestro desafío.

SEIS-DON QUIJOTE. Dulcinea del Toboso es la más hermosa mujer del mundo y yo el más desdichado caballero de la tierra. Aprieta, caballero, la lanza y quítame la vida, pues me has quitado la honra.

CABALLERO DE LA BLANCA LUNA. Eso no lo haré yo. Viva, viva en su entereza la fama de la hermosura de la señora Dulcinea del Toboso, que me contento solo con que el gran don Quijote se retire a su lugar un año, como concertamos antes de entrar en esta batalla.

SEIS-DON QUIJOTE. Cumpliré como caballero puntual y verdadero. Aunque perdí la honra, no perdí, ni puedo perder, la virtud de cumplir mi palabra.

DOS. Hecha esta confesión, volvió las riendas el de la Blanca Luna y a medio galope se entró en la ciudad.

(El CABALLERO DE LA BLANCA LUNA se va. SAN-CHO recoge a DON QUIJOTE y, con dificultad, se lo lleva fuera de escena. NUEVE entra e intenta pararles, pero no le hacen caso).

NUEVE. ¡Un momento! ¡Un momento! ¿Que don Quijote se retira durante todo un año? ¡No puede ser! ¡Nadie puede parar a don Quijote! ¡Nadie! ¡Exijo saber quién es el Caballero de la Blanca Luna!

(Otros actores aparecen en escena gritando la misma exigencia. El CABALLERO aparece enseguida).

CABALLERO DE LA BLANCA LUNA. Os lo diré, pero guardadme el secreto para que don Quijote nunca sepa quién lo derrotó... ¿Lo haréis? *(NUEVE y los demás asienten. El CABALLERO se quita el casco).* A mí me llaman el bachiller Sansón Carrasco; soy del mismo lugar de don Quijote de la Mancha, cuya locura mueve a que le tengamos lástima todos los que le conocemos. Creyendo que está su salud en que se esté en su tierra y en su casa, di traza para hacerle estar en ella. Y como él es tan puntual en guardar las órdenes de la andante caballería, sin duda alguna guardará la que le he dado, en cumplimiento de su palabra.

NUEVE. O sea, que si os podéis fiar de su palabra es porque está loco. En cambio, los cuerdos, como tú, vais con la máscara y la mentira por delante. ¡Pero en qué mundo vivimos! *(SANSÓN CARRASCO encoge los hombros y se marcha)*. Si ya lo decía yo. Hacerse mayor no tiene ninguna gracia. Tú cumple dieciocho y espera, que enseguida llegará un falso caballero a reírse de ti y cortarte de tajo los sueños.

CUATRO. ¡Espera! Don Quijote no ha sido derrotado todavía. Solo es un año de descanso. ¡Un año! No es tanto tiempo. Enseguida volverá a los caminos. *(A DOS)*. ¿Verdad?

DOS. *(Hojeando las últimas páginas del libro, tuerce el gesto)*. Pues…

CUATRO. Venga, ¡cuenta, cuenta!

DOS. De vuelta a su pueblo, iba don Quijote triste, pensativo, yendo y viniendo con la imaginación al desdichado suceso de su vencimiento.

(Entran DON QUIJOTE y SANCHO).

DIEZ-SANCHO. Señor mío, alce vuestra merced la cabeza y alégrese. Dé gracias al cielo de que no salió con alguna costilla quebrada; volvámonos a nuestra casa y dejémonos de andar buscando aventuras por tierras y lugares que no sabemos.

SEIS-DON QUIJOTE. Calla, Sancho, pues ves que mi reclusión y retirada no ha de pasar de un año; que luego volveré a mis honrados ejercicios, y no me ha de faltar reino que gane y algún condado que darte.

118

CUATRO. ¿Lo veis?

DOS. Espera… Don Quijote y Sancho llegaron a su aldea.

DIEZ-SANCHO. Abre los ojos, deseada patria, y mira que vuelve a ti Sancho Panza, tu hijo. Abre los brazos y recibe también a tu hijo don Quijote, que, si viene vencido de los brazos ajenos, viene vencedor de sí mismo; que, según él me ha dicho, es el mayor vencimiento que desearse puede.

SEIS-DON QUIJOTE. Déjate de esas sandeces y vamos con pie derecho a entrar en nuestro lugar.

DOS. Ya fuese de la melancolía que le causaba el verse vencido, o ya porque así lo ordenaba el cielo, se le arraigó una calentura que le tuvo seis días en la cama. *(DON QUIJOTE yace y todos los demás actores lo rodean).* No se iba de la cabecera Sancho Panza, su buen escudero. Llamaron sus amigos al médico, que le tomó el pulso y no le contentó mucho. Dijo que atendiese a la salud de su alma, porque la del cuerpo corría peligro.

SEIS-DON QUIJOTE. Escuchadme. *(Todos los actores se ponen a su alrededor, con SANCHO en la posición más cercana).* Yo tengo juicio ya, libre y claro, sin las sombras que sobre él me pusieron mi amarga y continua leyenda de los detestables libros de caballerías. Yo me siento a punto de muerte; querría que mi vida no haya sido tan mala que dejase renombre de loco. Ya yo no soy don Quijote de la Mancha, sino Alonso Quijano, a quien mis costumbres me dieron renombre de Bueno. *(A SANCHO)*. Perdóname, amigo, que te he hecho parecer loco como yo, haciéndote caer en el error en que yo he caído de que hubo y hay caballeros andantes en el mundo.

DIEZ-SANCHO. *(Llorando)*. ¡Ay! No se muera vuestra merced, señor mío. Tome mi consejo y viva muchos años, porque la mayor locura que puede hacer un hombre en esta vida es dejarse morir sin más ni más, sin que nadie le mate, ni otras manos le acaben que las de la melancolía. Mire, no sea perezoso, levántese de esa cama, y vayámonos al campo. Quizá tras de alguna mata hallaremos a la señora doña Dulcinea. Señor mío... Si es que se muere de pesar de verse vencido, écheme a mí la culpa, diciendo que por haber yo cinchado mal a Rocinante le derribaron.

SEIS-DON QUIJOTE. Señores: yo fui loco, y ya soy cuerdo; fui don Quijote de la Mancha, y soy ahora, como he dicho, Alonso Quijano el Bueno.

DOS. Después de recibidos todos los sacramentos, y después de haber abominado con muchas y eficaces razones de los libros de caballerías, don Quijote, entre compasiones y lágrimas de los que allí se hallaron, dio su espíritu: quiero decir que se murió.

CUATRO. ¿Se murió?

DOS. Se murió.

120

SEIS. ¿Se murió? ¿Y ahora qué hago? Yo quería seguir siendo don Quijote.

TRES. Esperad: quien ha muerto es Alonso Quijano. Nadie puede matar a don Quijote.

CINCO. Claro que sí. Alonso Quijano ha matado a don Quijote al reconocer su locura.

TRES. De eso nada. Ha dicho «ya yo no soy don Quijote de la Mancha». Ha dicho «fui don Quijote de la Mancha». En ningún momento ha dicho «yo nunca fui don Quijote» o «don Quijote nunca existió».

DOS. *(Consultando el libro)*. Es cierto.

TRES. Alonso Quijano se moría, y no podía permitir que don Quijote perdiera la vida en la cama, y no en batalla. Por eso se bajó del caballo, justo a tiempo. Pero si se despide de él es porque ya sabe que es inmortal.

DIEZ-SANCHO. Yo apostaré que antes de mucho tiempo no ha de haber bodegón, venta ni mesón, o tienda de barbero, donde no ande pintada la historia de nuestras hazañas.

TRES. ¡Eso es!

DOS. El cura pidió al escribano le diese por testimonio que Alonso Quijano el Bueno, llamado comúnmente don Quijote de la Mancha, había pasado de esta presente vida y muerto naturalmente; y que el tal testimonio pedía para quitar la ocasión de que algún otro autor le resucitase falsamente, e hiciese inacabables historias de sus hazañas. *(Cerrando el*

121

libro definitivamente). Don Quijote escribió su propia novela. Y nadie más podía apoderarse de ella.

NUEVE. Sí, pero la aventura terminó en derrota.

TRES. Pero su vencedor hizo trampas. Don Quijote decidió salir a jugar, pero respetando las reglas. Por no faltar a ellas, por no faltar a sus principios, puso fin a sus andanzas.

NUEVE. Ya. ¿Y de qué sirvieron tantos ideales?

DOS. Le sirvieron para no desdibujarse. Para ser siempre él mismo, aunque el mundo entero se riera de él.

OCHO. Lo vamos a pasar muy mal.

TRES. Nos engañarán mil veces, pero podremos mirarnos al espejo.

OCHO. ¿Estás seguro? Nos saldrán ojeras por las decepciones.

CINCO. Siempre puedes quedarte en tu lugar de la Mancha y hacer siempre lo que digan los demás. Así nadie se reirá de ti.

OCHO. De eso nada. Ya tengo dieciocho años. Y soy don Quijote.

SEIS. ¡No, yo soy don Quijote!

DIEZ. ¡No, yo!

SEIS. ¿Pero tú no eras Sancho?

DIEZ. Me apetece cambiar…

DOS. Oye, quizá deberíamos ir terminando la obra…

DIEZ. Yo quiero seguir jugando.

DOS. Sí, pero el público estará cansado…

UNO. Pues nos iremos del teatro a buscar aventuras. Pase lo que pase. Y sea quien sea el que se esconda bajo el yelmo del Caballero de la Blanca Luna.

CINCO. Recorreremos el mundo deshaciendo agravios y enderezando tuertos.

DOS. Y escribiremos nuestras propias novelas.

OCHO. Lo pasaremos mal. Pero seremos autores de nuestras vidas. Porque no hay libro tan malo que no tenga algo bueno.